초등학생이 꼭 알아야할
아름다운 우리말

한글은
힘이 세다

초등학생이 꼭 알아야할
아름다운 우리말

한글은 힘이 세다

유재화 지음

자유로운 상상

초등학생이 꼭 알아야할 아름다운 우리말
한글은 힘이 세다

초판 1쇄 인쇄 | 2014. 9. 20
초판 1쇄 발행 | 2014. 9. 25

지은이 | 유재화
펴낸곳 | 자유로운상상
펴낸이 | 하광석
디자인·편집 | 김현수 블룸

등록 | 2002년 9월 11일 (제 13-786호)
주소 | 서울시 성북구 장위동 231-187 102호
전화 | 02-392-1950 팩스 | 02-363-1950
이메일 | hks33@hanmail.net

ISBN 978-89-90805-69-0 73710

· 사전 동의 없는 무단 전재 및 복제를 금합니다.
· 잘못 만들어진 책은 바꾸어 드립니다.
· 책 값은 뒷표지에 있습니다.

이 도서는 국립중앙도서관 출판시도서목록(CIP)은 e-CIP홈페이지
(http://www.ni.go.kr/cip.php)에서 이용하실 수 있습니다.
(CIP제어번호 : CIP2014026702)

그동안 잊고 지내온

순수한 우리말을 다시 한 번 꺼내어 쓰다듬다보면

우리말의 힘을, 우리말의 아름다움을 새삼 깨닫게 될지

도 모릅니다. 그리고 우리말을 한번쯤

더 사용하고 싶어질 지도 모릅니다.

세상에서 가장 아름다운 우리말을 사랑하게

될 것입니다.

차례

머리말 · 009
현재 가장 많이 사용되는 인터넷 용어들 · 012

ㄱ
간들거리다 · 014
갈무리 · 016
개코쥐코 · 018
곁두리 · 020
귀둥대둥 · 022
깨끔발 · 024
께느른하다 · 026
꽃잠 · 028
꽃보라 · 030
꾀꾀로 · 032
꾸미개 · 034

ㄴ
나비잠 · 036
남상남상 · 038
난든벌 · 040
너볏하다 · 042
너울가지 · 044
너털웃음 · 046
넌지시 · 048

ㄷ
노루글 · 050
농익다 · 052
눈썰미 · 054
는개 · 056

다잡다 · 058
더부살이 · 060
덤터기 · 062
덧거리 · 064
도닐다 · 066
도란도란 · 068
돋나다 · 070
돋을볕 · 072
두름 · 074
둥개다 · 076
들무새 · 078
딸따니 · 080
뜬돈 · 082

ㅁ
마름질 · 084
모갯돈 · 086
모람모람 · 088
모지라지다 · 090
무룡태 · 092
무지렁이 · 094
물렁팥죽 · 096
뭇따래기 · 098
미쁘다 · 100
민주대다 · 102
밑두리콧두리 · 104

ㅂ
바늘방석 · 106
버무리 · 108
베돌다 · 110
볕뉘 · 112
별쭝나다 · 114
보금자리 · 116
복닥거리다 · 118

볼물다 · 120
부엉이셈 · 122
부루 · 124
붓방아 · 126
빌미 · 128

숫접다 · 156
시나브로 · 158
시위잠 · 160
슬기주머니 · 162

ㅈ
자발없다 · 192
자투리 · 194
잠투정 · 196
좁쌀과녁 · 198
좌뜨다 · 200
주전부리 · 202
주리팅이 · 204
직신거리다 · 206
집알이 · 208
짜발량이 · 210
짬짜미 · 212
쭉정이 · 214

ㅅ
사리다 · 130
사로잠 · 132
사슬돈 · 134
새들다 · 136
새롱거리다 · 138
새수나다 · 140
새침데기 · 142
생채기 · 144
서털구털 · 146
선머슴 · 148
설익다 · 150
수꿀하다 · 152
숫되다 · 154

ㅇ
아기똥하다 · 164
아람치 · 166
아름드리 · 168
안다니 · 170
안차다 · 172
알량하다 · 174
애오라지 · 176
앵두장수 · 178
알겨먹다 · 180
엉겁결 · 182
엉너리 · 184
에누리 · 186
옹알이 · 188
윤슬 · 190

ㅊ
찬찬하다 · 216
찹찹하다 · 218
책벌레 · 220
책씻이 · 222
초름하다 · 224
촉빠르다 · 226

추리다 · 228
추렴 · 230
출출하다 · 232
치다꺼리 · 234

ㅋ
칼잠 · 236
켯속 · 238
코숭이 · 240
코푸렁이 · 242
콩케팥케 · 244
콩팔칠팔 · 246
쾨쾨하다 · 248
쾌 · 250
퀴다 · 252
클클하다 · 254

ㅌ
타분하다 · 256
탐탁하다 · 258
태깔 · 260
터무니없다 · 262
터울 · 264
터줏대감 · 266

털썩이잡다 · 268
토리 · 270
투깔스럽다 · 272
트레머리 · 274
튼실하다 · 276
티격태격 · 278

ㅍ
판나다 · 280
패대기치다 · 282
포시럽다 · 284
푸념 · 286
푸새 · 288
푸지다 · 290
풋내기 · 292
풋잠 · 294
피붙이 · 296
피장파장 · 298

ㅎ
한갓지다 · 300
한통속 · 302
함함하다 · 304
허드렛일 · 306

허룩하다 · 308
허울좋다 · 310
흉허물없다 · 312
희붐하다 · 314
흥건하다 · 316
흥청망청하다 · 318

머리말

《표준국어대사전》에 올라 있는 우리말은 전부 몇 개나 될까요? 표준어와 북한어, 방언, 옛말 등을 합쳐 자그마치 50만 개가 넘는다고 합니다.

여기서 '표준어'란, 한 나라에서 공용어로 쓰는 규범으로서의 언어를 가리킵니다. 우리나라에서는 '교양 있는 사람들이 두루 쓰는 현대 서울말'을 표준어로 정했습니다. 그렇다고 해서 서울말이 아니면 의사소통이 되지 않는 것은 아닙니다. 사투리도 옛말도 엄연한 우리말입니다.

과거와 달리 방안에 앉아서도 지구 반대편의 소식을 알 수 있는 것은 세계화된 통신수단 덕분입니다. 그와 같은 Social Network Sevice 즉 SNS의 빠른 보급은 사람들 사이의 대화속도를 점점 높여놓았습니다. 그러다보니 길고 복잡한 문장보다는 짧고 간결한 문장과 줄임말, 신조어 등의 사용빈도도 늘어나게 되었습니다. 인터넷 보급, SNS의 영향에 특히 민감한 우리 어린이, 청소년들은 그와 같은 줄임말이나 신조어를 적극적으로 사용함으로써 공감대를 형성하기도 합니다.

요즘 어린이, 청소년들이 흔히 사용하는 신조어는 단순하게 새로 말을 만드는데 그치지 않고 우리말을 쪼개고 재조합하는 과정을 통해 비속어, 은어가 됩니다. 예를 들어, '넘사벽'이란 신조어는 '넘을 수 없는 사차원의 벽'이라는 뜻의 줄임말로, 자신과 다른 생각과 행동을 하는 사람을 가리킬 때 주로 쓰입니다. 또한 '레알'이란, '정말, 진짜'를 뜻하는 영어 리얼real을 발음기호식으로 발음한 것입니다. 그 외에도 냉무, 놀토, 담샘, 생파와 같은 줄임말은 물론, 뻘쭘(민망한 상태) 뽀대작살(아주 멋있음), 샤방(눈에 띄게 아름답고 우아해서 반짝거림), 생얼(화장을 하지 않은 얼굴), 생까다(절교. 아는 척 하지 않다. 또는 거짓말하다), 썩소(썩은 미소. 재수 없는 사람. 기분 나쁜 사람. '완소'의 상대어), 아사(모르면서도 아는 척 사기 치다), 당빠(당연하다), 뻥끼(거짓말, 페인트(뻥끼)를 칠하여 위장한다에서 유래된 듯), 얼짱(외모가 뛰어남) 등 인터넷의 보급과 함께 등장한 용어들은 무수히 많습니다.

이 단어들을 보면, 재치와 유머가 느껴지기도 하지만 한편으로는 곱고 아름다운 우리말이 일그러지고 뒤틀려 점점 제 모습을 잃어간다는 느낌을 받기도 합니다. 같은 말이나 용어를 사용하는 사람들 사이에는 동료의식이 생겨나고 관계를 돈독하게 하는 효과가 있습니다. 물론, 언어는 또한 그 시대를 반영하기도 하지만 기본적인 우리말의 아름다움을 훼손시키면서까지 입에서

만 맴도는 가벼운 신조어들을 마구잡이로 만들어내는 것은 우려스러운 일입니다.

　이제, 우리 국어사전에 담겨있는 곱고 아름다운 수많은 우리말을 한번쯤 찬찬히 더듬어보는 것은 어떨까요. 세상의 빠른 변화 속에서도 오랜 시간 우리 민족의 지혜와 아이디어가 담긴 고운 우리말은 그 자체로 우리의 감정을 순화시키고 어루만지는 능력이 있습니다.

　이 책에 담긴 153개의 우리말은 수많은 우리말 가운데 아주 작은 일부분입니다. 그중에는 이미 아는 단어도 있고 처음 보는 단어도 있을 것입니다. 이쯤에서, 그동안 잊고 지내온 순수한 우리말을 다시 한 번 꺼내어 쓰다듬다 보면 우리말의 힘을, 우리말의 아름다움을 새삼 깨닫게 될지도 모릅니다. 그리고 우리말을 한번쯤 더 사용하고 싶어질 지도 모릅니다. 세상에서 가장 아름다운 우리말을 사랑하게 될 것입니다.

2014년 9월
유재화

현재 가장 많이 사용되는 인터넷 용어들

냉무 : 내용 없음

드립 : 어이없는 발언

청백전 : 청년 백수 전성시대

조기 : 조기 퇴직자

명태 : 명예 퇴직자

이구백 : 20대의 90%가 백수

놀토 : 학교에서 노는 토요일. 토요휴무제를 적용하는 2, 4주째 토요일

담샘 : 담임선생의 준말

담순이 : 여자 담임교사

담탱이 : 담임교사

악셀 : 악세사리의 줄임말. 예) 휴대폰 악세사리=폰악셀, 노트북악세사리=놋북 악셀

악플러 : 온라인상에서 다른 사람이 올린 글에 저질의 악성 비난, 비방의 글을 올리는 사람

안물 : 기분 나쁜 말. 상대방이 기분 상하는 말을 했을 때 '안 물어 봤어.'라는 의미로 쏘아주는 말.

안습 : 안구에 습기. 슬프다. 눈물난다 등의 의미

애자 : 장애자의 줄임말

야리까다 : 담배 피다. 예)야, 같이 야리까자 (같이 담배 피자)

양끚 : 매우 엄청 많이. 긍정을 나타내는 수식어. 예)그녀가 양끚예쁘다.

얼빵 : 못생긴 사람. 얼굴이 빵점이다.

얼짱 : 얼굴이 예쁜 사람

엑박 : 엑스박스(X box). 인터넷에 있는 사진 동영상 등의 자료가 삭제되었거나 경로를 알 수 없을 때 쓰는 말.

열공 : 열심히 공부함

오나전 : 완전한 오타. 컴퓨터 자판에서 '완전'을 잘못 쳐서 된 말.

오래방 : 오락실이 있는 노래방

오링 : 올인. (음의 동화 현상)

오타신강림 : 컴퓨터에서 오타가 계속 일어날 때

와방 : 매우

완소 : 완전한 미소. 또는 완전히 소중함. 완벽하게 소중한 사람. '썩소'의 상대어 예) 완소지성(완전히 소중한 박지성) 완소아드보카트

원츄 : 원하다. want you

익게 : 익명 게시판

인강(Internet 講義) : 인터넷 동영상 강의

잇힝 : 기분 좋은 상태라는 의성어

조낸 : 매우. 어원은 비속어 XX.

즐감 : 즐겁게 감상함

즐겜 : 즐거운 게임 되세요.

지대 : 제대로. 매우 많이

지름신 : 충동구매를 부추기는 가상의 신

출첵 : 출석 체크

훈남 : 잘생긴 남자. 잘생겨서 훈훈하게 정이 가는 남자

훈여 : 예쁘고 훈훈하여 정이 가는 여자

간들거리다

가을이 되었습니다.

휴일을 맞아 '하늘 바람 자전거 동호회'에서 서울 근교로 자전거 야유회를 나갔습니다. 영수는 아직 어리지만 아버지를 따라 참가했습니다.

"바람이 역시 다르지. 역시 가을이야!"

영수 아버지가 얼굴에 불어오는 상쾌한 바람을 맞으며 이렇게 말씀하셨습니다.

"저 꽃들 좀 보세요? 바람이 간지러운가봐요!"

영수는 길가에 핀 코스모스들을 보며 말했습니다.

"오, 그렇구나! 가을바람이 간드럽게 부니까 꽃들도 **간들거리는**구나?!"

자전거에 몸을 실은 영수는 벼가 누렇게 익어 가는 들판을 신나게 달리기 시작했습니다.

"어, 저게 뭐죠? 아버지! 논 한가운데서 무언가가 자꾸 **간들거려**요!"

"아하, 허수아비구나! 벼가 익어 가면 참새들이 날아와서 낱알을 쪼아 먹거든. 그걸 막아보려고 옛날부터 사람의 모습을 본뜬 허수아비를 만들어서 논 한가운데 세워두는 거야."

"저렇게 하면 정말로 새를 쫓을 수 있나요? 책이나 TV에서는 많이 봤지만 실제로 보기는 처음이에요."

"예전에는 어땠는지 모르겠지만, 허수아비들이 하루 종일 아무리 **간들거려도** 요즘 참새들은 무척 영리해서 사람이 아닌 줄 다 알고 있다지?!"

"어휴, 영리한 참새들 때문에 허수아비만 고생이네요?"

'간들거리다' 라는 표현은
1.바람이 부드럽고 가볍게 살랑살랑 불다, 2.사람이 간드러진 태도로 되바라지게 행동하다, 3.작은 물체가 이리저리 가볍게 자꾸 흔들리다. 또는 그렇게 되게 하다 등의 뜻을 가진 고운 우리말입니다. 여기서는 모두 1, 3의 뜻으로 쓰였습니다.

갈무리

"아이-참, 이게 어디 갔지??"

영수는 방안을 어질러 놓고 무엇인가를 찾고 있었습니다.

"왜, 얼른 밥 먹고 학교 갈 생각은 않고 뭐 하는 거야?"

"오늘 숙제검사 받을 게 없어졌어요, 그거 없으면 학교도 못 가요."

영수는 여전히 책가방, 책상서랍, 옷장 속까지 뒤지고 있었어요.

"어이구, 뭘 찾느라고 이렇게 정신이 없어?"

"미술숙제로 만든 깡통 로봇이요! 얼마나 열심히 만든 건데…"

"깡통 로봇이라고? 뒷마당에서 우그러진 깡통조각들을 보긴 했는데, 그건 아니겠지?"

영수는 깜짝 놀라 벌떡 일어섰어요.

"뭐라구요? 엄마, 언제요?"

"엊그젠가… 재활용품 수거할 때 다 갖다 버렸는걸…?"

영수는 금방이라도 울음을 터뜨릴 듯 울상이 되었어요.

"그거 내 숙젠데…누가 갖다 버렸어?!"

"네 물건을 누가 갖다버리니? 제 물건 제가 간수 안한 게 잘못이지!"

영수는 태연히 아침밥을 먹고 있는 동생에게 물었어요.

"너… 솔직히 말해. 내 미술숙제 갖고 놀았지?"

"으응….그게… 나는 그냥 조금 갖고 논 것뿐이야…"

영수는 마침내 울음을 터뜨리며 주저앉아버렸어요. 그러자 아버지가 말씀하셨어요.

"이 녀석아, 그렇게 중요한 것이면 미리미리 갈무리를 해뒀어야지. 누굴 탓하니? 앞으로는 이런 일 없도록 제 물건은 제가 챙겨야 한다!"

'갈무리'란,
1.물건 따위를 잘 정리하거나 간수한다, 2.일을 잘 처리하여 마무리한다, 의 뜻으로 쓰이는 고운 우리말입니다. 여기서는 1의 뜻으로 쓰였습니다.

개코쥐코

2014년 전국 동시지방선거를 앞두고 공식적인 선거운동기간이 시작되었습니다. 상준이가 사는 지역에서도 후보자들의 홍보활동이 이어졌습니다.

휴일 오후, 상준이는 부모님을 따라 시내 대형마트에 쇼핑을 하러 갔습니다. 물건을 사들고 주차장으로 나오자 사람들이 웅성거리는 광경이 보였습니다. 지방선거에 출마한 후보자의 홍보용 트럭이 요란한 음악을 틀어놓고 사람들의 발길을 붙잡았습니다. 상준이네도 그쪽으로 다가갔습니다.

"여러분, 기호 O번 △△△입니다! 저를 뽑아주시면 우리 OO시의 문화와 경제를 더욱 발전시킬 것을 약속드립니다…!!"

"어이쿠, 그런 약속 안 하는 사람 못 봤네~!"

"구체적으로 뭘 어떻게 발전시킬 건데?"

"뜬구름 잡는 소리뿐이잖아?"

후보자는 침을 튀겨가며 호소했지만 사람들의 반응은 시큰둥했습니다. 모인 사람들은 이내 저희들끼리 웅성거리기 시작했습니다.

"아까 산 오징어다리 하나만 먹어보자…" "오늘 저녁은 외식을 할까?" "얼른 집에 가자, 런닝맨이 봐야지…" "엄마, 뽀로로 장난감 사준대놓고 또 안 샀어…!" "시끄러워 녀석아, 뭘 또 사?" "으앙~! 몰라 몰라!!" "아참, 우리 핑키 사료를 안 샀네…어쩌지?" "휴대전화가 어디 갔지? 어디다 떨어뜨렸나…내 전화기 못 봤어?…"

후보자의 말에는 관심도 없이 저마다 떠들어대는 사람들을 보다 못한 상준이 아버지가 이렇게 중얼거렸습니다.

"아 사람들도 참…이왕 모였으면 잠자코 이야기를 들어봐야지, 왜 이리 소란스럽게 **개코쥐코** 하는 거야? 앞으로 몇 년 동안 우리 OO시의 살림 맡길 사람을 뽑는 건데!

'개코쥐코'란
'쓸데없는 이야기로 이러쿵저러쿵하는 모양'을 뜻하는 재미있는 우리말입니다.

곁두리

바쁜 농사철이 되었습니다.

농촌에서는 모내기를 하느라 한시도 쉴 틈이 없습니다. 봉달이네 부모님도 농사를 지으십니다. 그래서 봉달이는 학교가 끝나고 집에 오면 부모님을 도와드려야 합니다.

오늘 아침에도 어머니가 이렇게 당부하셨습니다.

"얘, 봉달아, 학교 끝나고 곧장 오너라! 논에 **곁두리** 좀 내가야 한다!"

봉달이는 학교가 끝나면 냇가에서 아이들과 물놀이도 하면서 놀고 싶은 마음이 굴뚝같지만 그럴 수가 없어서 속이 상했습니다.

"에이, 만날 나한테만 그러셔!"

그래서 봉달이는 학교가 끝나고도 집으로 가지 않고 아이들과 계곡으로 몰려갔습니다. 오랜만에 시원한 계곡물에서 놀다보니 시간이 더 빨리 지나가는 것 같았습니다.

"아~해가 지지 않았으면 좋겠다!"

그러나 어느새 해가 기울기 시작하자 봉달이는 은근히 걱정이 되기 시작했습니다. 터덜터덜 집으로 돌아오니 그때까지 텃밭에서 호미질을 하고 계시던 어머니가 한달음에 쫓아 나오며 호통을 치셨습니다.

"야 인석아! 일찍 와서 아부지한테 **곁두리** 갖다 드리라니까 왜 이제야 오능겨?"

"아, 무슨 **곁두리**를 날마다 먹어요? 아부지는 맨날 샛밥만 드시나~?"

그러자 어머니가 발을 구르며 언성을 높이셨어요.

"이 녀석아, 농사짓는 일이 얼마나 고된지 몰라? 너희들 공부시키려고 그 뙤약볕 아래서 아부지가 얼마나 열심히 일하시는데, 너도 시간 날 때마다 좀 도와드려야 되지 않겠냐?"

'곁두리'는
'농사꾼이나 일꾼들이 끼니 외에 참참이 먹는 음식, 샛밥'을 뜻하는 우리말입니다.

귀둥대둥

"엄마, 아빠 언제 들어오세요? 오늘 생일선물 사 오신다고 했는데…"

이제 다섯 살이 되는 은수는 밤이 늦도록 베란다 창밖을 내다보며 아버지를 기다리고 있었습니다.

"오늘 갑자기 회사에 급한 일이 생기셔서 좀 늦으신다는 연락이 왔으니까 그만 자거라. 내일 아침에 일어나서 깜짝 선물로 풀어보면 더 좋을 거 같은데?!"

"싫어 싫어…오늘 꼭 선물 풀어보고 잘 거예요~ 절대로 안 잘 거야…"

어머니가 달래보았지만 선물에 대한 기대 때문에 은수는 무거운 눈꺼풀을 힘겹게 들어 올려 시계를 쳐다보며 대답했습니다.

한참 후, 소파에서 TV를 시청하던 어머니가 문득 옆자리를 보니 은수는 어느새 엎드린 채로 잠들어 있었습니다. 시간은 밤 12시가 가까워졌습니다.

"그럼 그렇지… 방으로 데려다 재워야겠구나…"

어머니가 은수를 안아들고 방으로 가려할 때 현관문이 열리며 아버지가 들어셨습니다.

"어이쿠, 내가 많이 늦었지? 우리 은수 자냐? 은수야…"

한손에 선물상자를 들고 온 아버지가 어머니의 팔에 안긴 아들에게 말을 건넸습니다. 선물을 기다리다 잠들었던 은수는 갑작스런 아버지의 목소리에 놀라 깨어 정신이 없는 듯 팔을 휘저으며 횡설수설하기 시작했습니다.

"아빠…내 사탕, 어디 갔어…선물…아빠…다녀오세요…곰인형…음냐…"

그 광경을 본 아버지는 웃음을 터뜨리며 이렇게 말씀하셨어요.

"하하, 그 녀석, 무슨 꿈이라도 꾸었니? 아빠가 선물 사왔는데, 정신을 못 차리고 **귀둥대둥**하네? 어서 정신 차리고 풀어봐야지?!"

'귀둥대둥'이란
'말이나 행동 따위를 되는대로 아무렇게나 하는 모양'을 나타내는 재미있는 우리말입니다.

깨금발

동네 황부자네 사과나무에 사과가 그득하게 열렸습니다.
넓은 과수원에서는 일꾼들이 바쁘게 열매를 따고 있습니다.
"야, 저 잘 익은 사과 한번만 실컷 먹으면 좋겠다!"
"맞아, 맞아!"
마을에서 이름난 말썽쟁이들이 과수원 울타리 너머에서 침을 흘리고 있었습니다.
"우리…오늘밤에 같이 서리할까?"
"좋아!! 대찬성!"
"그럼, 오늘밤에 모두 여기로 모여!"
밤이 되었습니다. 달이 없어서 아주 깜깜합니다. 과수원 울타리 근처에서 조그마한 소리가 났습니다. 아이들이 모두 모였습니다.
"야, 종수가 제일 말랐으니까 울타리 개구멍으로 들어가라!"
봉수가 소곤거리는 소리로 이야기했습니다. 종수는 무서워도 마지못해 울타리의 뚫린 구멍으로 들어갔습니다. 그리고 손에 닿는 사과를 따려고 팔을 뻗어보았습니다. 하지만 사과는 생각만큼 잘 따지지 않았습니다.

"야 임마! 깨금발을 해라! 조금만 더 팔을 뻗으라니까!"

"어어… 기다려봐, 손에 잘 안 닿아…"

간신히 사과 몇 알을 따서 울타리 너머 아이들에게 넘겼을 때였습니다.

"네 이놈들!!"

갑자기 어둠 속에서 벼락같은 소리가 들려왔습니다.

"으악~~! 황부자다~~ 도망쳐!!"

아이들은 들고 있던 사과도 팽개친 채 뒤도 돌아보지 않고 줄행랑을 치기 시작했습니다.

'깨금발'이란
'발뒤꿈치를 들어 올림, 또는 그 발'을 가리키는 재치 있는 우리말입니다.

께느른하다

"아빠! 얼른 일어나세요! 약속하신 일요일이에요!"
"오늘도 집에서 그냥 쉬실 거예요, 아빠~?"
은영이와 은수 남매는 아침 일찍부터 아버지를 흔들어 깨우느라 야단이 났습니다.
"얘들아, 어젯밤에도 새벽에 들어오셨단다."
어머니는 아직도 자리에서 일어나지 못하고 계신 아이들의 아버지가 안쓰러워 이렇게 만류했습니다.
"오늘은 절대로 안돼요! 벌써 한 달이나 약속을 미루셨다구요!"
"맞아요! 아이들과 한 약속이라고 마음대로 어겨도 되는 거예요? 흥!"
아이들의 성화에 어머니도 더 이상 할 말이 없어졌습니다.
"글쎄 너희들 말이 맞지만, 아버지는 우리 가족을 위해서 매일 열심히 일하시잖니? 좀 봐드리자꾸나?"
가족들이 시끄럽게 떠드는 바람에 잠이 깬 아버지가 거실을 향해 귀찮은 듯 소리쳤습니다.

"아, 오늘은 일요일 아니니? 왜 이렇게 시끄러운 거야? 아빠는 지금 몹시 께느른하구나! 다들 좀 조용히 해줄래?"

그러나 아이들은 물러서지 않고 아버지 앞으로 다가와 이렇게 말했습니다.

"아빠! 얼른 일어나세요. 주말농장에 같이 가기로 약속하신 게 벌써 한 달이나 지났어요… "

그제서야 아버지는 생각났다는 듯 벌떡 일어나 앉으셨습니다.

"아차! 그렇지?! 정말 미안! 그래, 그래…오늘은 꼭 약속을 지켜야지!"

아버지는 약속을 지키기 위해 피곤을 털고 일어나셨습니다.

'께느른하다'라는 단어는
'몸을 움직이고 싶지 않을 만큼 느른하다'라는 뜻으로 쓰이는 재미있는 우리말입니다.

꽃잠

    가까운 산중턱에는 쓸 만한 나무가 많지 않아서 나무꾼은 점점 깊은 산 속으로 들어가게 되었습니다. 지게 한 가득 나무를 한 다음, 나무꾼은 점심을 먹고 나무그늘에 기대어 휴식을 취했습니다. 그러다 스스로 잠이 들고 말았습니다. 날이 어스름해지자 어디선가 도깨비들이 나타났습니다.

    "야, 이거 봐라! 웬 사람이 잠을 자고 있어!"

    뿔이 빨간 도깨비가 금빛 방망이를 휘두르며 나무꾼에게 다가갔습니다.

    "우하하~ 세상모르게 곯아떨어졌나보다!"

    내기를 좋아하는 도깨비들은 잠든 나무꾼의 버선을 벗기는 내기를 하기로 했습니다. 먼전 도전한 빨간 뿔도깨비는 겁이 많아서 나무꾼이 깰까봐 조심하느라 실패하고 말았습니다. 그러나 파란 수염 도깨비가 용감하게 잡아당기자 버선이 훌떡 벗겨졌습니다.

    "이야! 내가 이겼다!"

    파란 수염이 외치는 순간, 나무꾼이 요란하게 재채기를 했습니다.

"으앗! 이게 뭐야? 에이 더러워!"

가래침이 소나기처럼 사방으로 튀자 도깨비들은 놀라 도망을 치고 말았습니다. 그제서야 잠에서 깬 나무꾼은 자기 맨발을 보고는 깜짝 놀랐습니다. 그런데 더 놀라운 일은 그 곁에 떨어져있는 황금빛 도깨비 방망이였습니다.

"이게 웬 거야? 내가 그새 **꽃잠**을 잔 모양이야?! 마누라가 기다리겠네, 어서 돌아가야지!"

나무꾼은 도깨비 방망이를 둘러메고 서둘러 산을 내려갔습니다.

'꽃잠'이란
1. 세상모르도록 깊이 든 잠, 2. 갓 결혼한 신랑신부가 처음으로 함께 자는 잠을 뜻하는 고운 우리말입니다.

꽃보라

추운 겨울이 지나고 어느새 화창한 봄이 되었습니다.
온 세상에 예쁜 꽃들이 피어나기 시작했습니다.
"벚꽃이 완전히 활짝 피었어요! 여보, 우리도 꽃구경 한번 가야죠?!"
선영이 어머니가 말씀하셨어요.
다음날, 선영이네 가족들은 벚꽃구경을 나섰습니다.
"와, 밤중인데 사람이 이렇게 많아요?!"
선영이는 사람들 틈에서 길을 잃기라도 할까봐 할머니 손을 꼭 잡고 사방을 두리번거렸어요. 늦은 밤인데도 공원에는 벚꽃놀이를 나온 사람들로 붐볐습니다.
"여기서 사진 찍어요, 아버지!"
모두들 예쁜 꽃이 활짝 핀 벚꽃나무 앞에서 포즈를 취했습니다.
"자, 찍는다. 김치~!"
아버지가 카메라 셔터를 누르는 순간 어디선가 바람이 살짝 불어왔습니다. 그러자 벚꽃이 후루루~ 눈꽃처럼 흩날리기 시작했습니다.

"야~정말 멋진데?! 꽃보라가 아주 근사해! 사진도 정말 잘 나올 거야!"

"꼭 눈이 내리는 것 같네요. 따뜻한 봄에 내리는 눈이요! 그래서 눈보라가 아니라 **꽃보라**인가 봐요!"

선영이는 눈밭에 뒹구는 강아지처럼 이리저리 뛰어다니며 즐거워했어요.

"아범아, 오늘 나오길 정말 잘했구나! 너무 기분이 좋다!!"

할머니도 오랜만의 외출에 즐거워하셨습니다.

바람도 살랑살랑 불어서 벚꽃 축제의 기분을 더해주었습니다.

'꽃보라'는
'떨어져서 바람에 날리는 많은 꽃잎들'을 가리키는 아름다운 우리말입니다. 한 두 송이 떨어지는 것이 아닌, 한꺼번에 떨어져 내리는 광경에서 생긴 말입니다.

꼬끼로

착하고 부지런한 농부가 있었습니다.

농부는 열심히 일해서 장날이 되면 닭이나 오리, 새끼돼지 등을 사다가 정성껏 길렀습니다.

"오늘은 장 닭을 사야겠다."

장날이 되자 농부는 채소를 내다 팔고 장 닭 한 마리를 샀습니다.

"이 닭은 말이죠, 보통 닭이 아닙니다요!"

닭 장수는 입에 침이 마르도록 닭을 자랑했습니다. 농부는 달걀이나 많이 얻으면 좋겠다는 생각으로 닭을 사다 기르기 시작했습니다.

그러던 어느 날 아침, 닭장을 들여다보니 새로 온 닭이 낳은 것은 번쩍번쩍하는 황금알이었습니다.

"이게 뭐야? 황금 달걀이잖아?!"

농부는 신이 나서 덩실덩실 춤을 추었습니다.

"하느님이 착하게 사는 나를 도와주시려는 거야!"

다음날부터 농부는 수시로 닭장을 들여다보며 황금알을 낳기가 바쁘게 집어내곤 했습니다.

"그런데, 영감, 저렇게 날마다 황금알을 낳는 걸 보니 저 닭의 뱃속에 황금이 가득 들어있는 게 아닐까요?"

어느 날, 농부의 아내가 농부의 욕심을 부추기며 이렇게 속삭였습니다.

"올커니! 과연 그럴듯한 말이야! 왜 진작 그 생각을 못했지?"

아내의 말에 솔깃해진 농부는 다음날 바로 그 닭의 배를 갈라보았습니다. 그러나 황금은 나오지 않았습니다.

"아이고~ 그냥 **꾀꾀로** 황금알을 얻는 것이 즐거움이었는데, 너무 욕심을 부렸구나!!"

그제서야 농부는 땅을 치며 후회했지만 너무 늦어버렸습니다.

'꾀꾀로'는
'가끔가끔 틈을 타서 살그머니'라는 뜻을 가진 재미있는 우리말입니다.

꾸미개

새 학기를 맞아 교실환경을 정리하는 날입니다. 은영이네 반 아이들 몇 명도 담임선생님과 함께 늦게까지 교실을 꾸미고 있습니다.

"어디 보자, 철수는 청소도구함과 사물함을 잘 정리했구나? 잘했다!"

정리가 다 되어가자 선생님은 교실 구석구석을 살피기 시작했습니다.

"선생님, 여기도 봐주세요. '우리들 솜씨' 게시판은 정미와 은영이가 꾸몄답니다."

"어, 그래? 어디 보자, 역시 아기자기하게 잘 꾸몄구나?!"

아이들은 서로 칭찬을 더 받기 위해 마지막까지 열과 성을 다했습니다.

"음, 여기 칠판 앞쪽 '희망사항' 알림판은 누가 맡았던 거지??"

반 아이들의 장래희망을 조사하여 재미있고 알기 쉽게 그려 붙이기로 한 '희망사항' 알림판은 아직 부족해보였습니다.

"저…왕구랑 제가 같이 하기로 했는데요…왕구 녀석이 아까 도망갔어요, 선생님… 죄송해요. 혼자 하니까 잘 안돼요…"

민철이가 풀죽은 목소리로 선생님께 대답했어요. 그러자 선생님은 민철이의 어깨를 다독이며 말씀하셨어요.

"그랬구나? 그럼 우리가 다 같이 만들면 되겠구나! 걱정하지 말아라, 민철아."

각자 맡은 일을 끝낸 아이들도 민철이에게 힘을 더해 주었어요.

"그래, 이제부터는 모두 함께 '희망사항' 알림판 꾸미개를 멋지게 만들어 보자!"

"좋아! 같이 하면 더 멋지게 될거야!"

'꾸미개'란
1.옷, 돗자리, 망건 따위의 가장자리를 꾸미는 헝겊 오리, 2.무엇을 곱게 꾸미는데 쓰는 물건을 뜻하는 고운 우리말이랍니다. 여기서는 2의 뜻으로 쓰였습니다.

나비잠

초등학교 5학년인 혜민이는 얼마 전 누나가 되었습니다.

그전까지는 집안에서 귀여움을 독차지했지만 오랜만에 아기가 태어나자 분위기는 완전히 바뀌어버렸습니다.

"칫, 이젠 아무도 나한테 관심이 없어. 모두 저 쬐끄만 녀석에게만 정신이 팔려있다니까!"

그런 딸의 마음을 아는지 모르는지 어머니는 하루 종일 갓난아기를 돌보느라 분주했습니다. 그래서 혜민이는 왠지 서글픈 마음이 되었습니다.

"동생이 태어난 건 좋은데 사랑을 빼앗긴 것 같아서 허전해…갓 태어난 녀석을 때려줄 수도 없고…"

학교에서 돌아온 어느 날입니다. 아기를 목욕시켜 재운 뒤 빨래를 정리하고 있던 어머니가 혜민이에게 속삭였습니다.

"얘…아기가 방금 잠들었으니까 살금살금 다녀야 한다!"

"흥! 엄마는 아기 밖에 몰라!"

이젠 학교생활이 어땠는지 묻지도 않는 어머니가 야속했던 혜민이는 더욱 쿵쾅거리며 제 방으로 들어가 버렸습니다. 한참 후, 거실로 나오던 혜민이는 열린 안방 문틈으로 아기가 보이자 살며시 다가갔습니다. 아기는 두 팔을 머리 위로 벌린 채 쌔근쌔근 소리를 내며 곤히 잠들어 있었습니다.

"아 참 예쁘다…"

혜민이는 저도 모르게 중얼거리며 아기의 머리카락을 매만져주었습니다. 그때 방으로 들어오신 어머니가 혜민이 어깨를 감싸 안으며 속삭였습니다.

"**나비잠**든 아기가 정말 사랑스럽지? 우리 혜민이도 아기 땐 저렇게 귀여웠단다…동생이니까 네가 아끼고 사랑해줄 거지?!"

"네…엄마…"

혜민이는 앙증맞은 아기 손가락을 조심스레 어루만지며 이렇게 대답했습니다.

'나비잠'은
'갓난아이가 두 팔을 머리 위로 벌리고 편히 자는 잠'을 뜻하는 고운 우리말입니다.

남상남상

　미국에 사는 이모가 오랜만에 우리나라에 왔습니다. 승희는 이모와 함께 남대문시장에 갔습니다.
　"야, 남대문시장은 여전하구나! 없는 게 없고 사람들도 북적거리고…정말 볼거리가 많네! 일요일이라 그런지 외국 관광객들도 많다!"
　"그러게요! 요새는 외국 사람들도 구경하러 많이 오나 봐요! 정말 흥미진진해요!"
　이모와 조카 승희는 시간가는 줄 모르고 시장골목을 누비고 다녔습니다. 아침 일찍부터 싸고 좋은 옷가지와 생활물품들을 두 손 가득 구입한 두 사람은 어느덧 점심때가 되자 식당을 찾아 두리번거리기 시작했습니다.
　"근데, 이모…뒤쪽에 어떤 사람이 자꾸 따라오는 것 같아요…아까부터 계속 보여요…우리가 돈이 많은 줄 알고 따라오는 걸까요…?"
　승희가 걱정스런 얼굴로 이모에게 속삭였습니다.
　"그래? 어떤 녀석이 우리 주머니를 노리고 **남상남상** 뒤를 따른다고?! 누구야! 당장 꺼지지 못해?!"

이모는 오히려 뒤돌아보며 이렇게 큰 소리로 외쳤습니다. 그러자 붐비는 사람들 사이로 슬그머니 사라지는 어떤 사람이 보였습니다.

"역시 저 사람이었어요…이모가 큰소리치니까 그냥 도망가나 봐요!"

"누구라도 겁도 없이 우리한테 덤비기만 해보라 그래! 우리 승희는 이모가 지켜줄 거니까!! 히히~! 이제 됐지, 승희야? 우리 저쪽 가서 잔이 남상남상 하도록 시원한 음료수도 한잔 마시고 맛있는 점심 먹을까?!"

"네, 이모! 우리 이모 최고!!"

두 사람은 먹자골목을 향해 신나게 걸음을 옮겼습니다.

'남상남상'이란

1.자꾸 좀 얄밉게 넘어다보는 모양 2.남의 것을 탐내어 가지려고 좀스럽게 기회를 엿보는 모양, 3.액체가 그릇에 가득 차서 넘칠 듯한 모양 등의 의미로 쓰이는 재미있는 우리말입니다. 앞에서는 1,2의 뜻으로 모두 쓰이고 뒤에서는 3의 뜻으로 쓰였습니다.

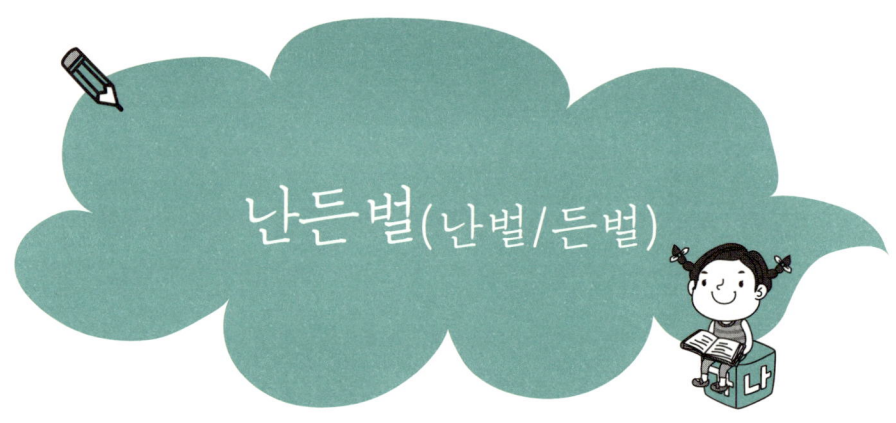

난든벌(난벌/든벌)

남산 아래 사는 오생원은 하루 종일 책만 읽습니다.

"아유 지겨워! 제발 어디 가서 돈을 좀 벌어오세요. 처자식은 모두 굶어 죽게 생겼어요!"

아내가 아무리 잔소리를 해도 오생원은 꿈쩍도 하지 않았습니다.

어느 날, 남의 집 일을 도와주고 먹을 것을 얻어오던 아내가 개울에 빠져 발목을 심하게 다치고 말았습니다.

"아이고 나 죽네! 아이고~!"

그러나 오생원은 돈이 없어서 약을 구해올 수도 없었습니다.

"…할 수 없네… 어디 가서 돈을 좀 구해봐야겠다."

마침내 오생원은 아픈 아내를 위해 큰 결심을 했습니다. 그리고 아내에게 당당하게 말했습니다.

"내가 지금 외출할건데, **난벌**을 하나만 찾아 주오!"

이 말을 들은 아내는 기가 막혔습니다.

"아니, 뭐라고요? 하루 한 끼 먹을 것도 걱정하는 살림에 난든벌이 따로 있을 수가 있겠어요?"

그러자 오생원은 혀를 찼습니다.

"아무리 그래도 그렇지. 양반 체면에 어떻게 땟국물이 흐르는 든벌차림으로 밖에 나갈 수가 있겠소?"

아내는 다리가 아픈 것도 잊은 채 벌떡 일어나 앉으며 이렇게 소리쳤습니다.

"사람은 성품과 지혜가 중요한 것이지 차림새가 중요한 게 아니잖아요? 수십 년간 공부를 했다는 사람이 어떻게 그런 소리를 할 수가 있습니까?"

'난든벌'이란
'외출할 때 입는 옷(난벌)과 집안에서 입는 옷(든벌)'이라는 뜻을 가진 재치있는 우리말입니다.

너볏하다

새해 아침이 밝았습니다.

창수네 집에 친척들이 모두 모였습니다. 초등학교 3학년인 창수에게는 저보다 어린 사촌 동생들이 세 명이나 있었습니다.

"형아가 이제부터는 대장이니까 말 잘 들어야 돼?!"

창수는 꼬맹이들을 불러 모아 놓고 이렇게 말했습니다.

"응 알았어, 형…"

오후에는 가족이 모두 함께 윷놀이 판을 벌였습니다.

"이기는 편의 소원을 지는 편이 들어주는 겁니다!"

한 번씩 윷을 던질 때마다 웃음이 쏟아지고 함성이 터지곤 했습니다.

"으라차차차~! 윷이다, 윷!!"

누군가 던져 윷이 나왔다며 신이 났습니다.

그때 네 살배기 꼬맹이 윤주가 윷판으로 걸어 들어왔습니다. 그리고는 털썩 주저 앉아버렸습니다.

"아이고, 다 이겼는데 너 왜 이러니?!"

어른들은 깜짝 놀라 윤주를 끌어내며 한숨을 내쉬었습니다.

"으아~앙!"

어른들의 반응에 놀란 윤주가 울음을 터뜨린 것입니다. 그러자 창수가 얼른 일어나 윤주를 안고 달래기 시작했습니다.

"윤주야, 이리와. 오빠랑 같이 놀자~ 착하지~?"

창수의 말소리에 울음을 그치고 얌전해지는 윤주를 지켜본 어른들은 모두 감탄하여 이렇게 입을 모았습니다.

"어머 세상에! 우리 창수가 언제 저렇게 **너볏해졌니**? 정말 대견하구나?"

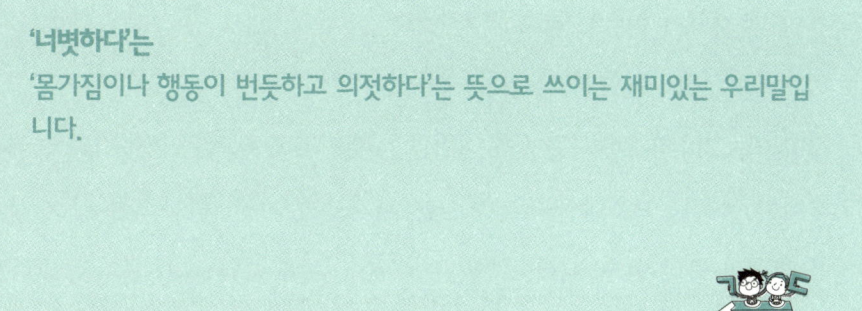

'너볏하다'는
'몸가짐이나 행동이 번듯하고 의젓하다'는 뜻으로 쓰이는 재미있는 우리말입니다.

너울가지

은초록 숲에는 수다쟁이 까마귀가 살았습니다.

까마귀는 여기저기 다니면서 보고들은 이야기들을 잘 떠들어댔습니다.

"오늘은 까마귀 녀석이 안 오려나??"

땅속에 사는 두더지나 너구리 등은 까마귀의 이야기를 들으며 세상구경을 했습니다.

"까르르~이봐, 기린 양반! 내가 저쪽 골짜기의 동물운동회 얘기해줄까?"

"뭐라고? 내가 아직 못 가본 저쪽 골짜기에도 가봤단 말야?!"

목이 긴 기린이 놀라서 물었습니다.

"아, 물론이지. 자 들어봐! 저쪽 계곡에서 말이야…"

까마귀는 기린의 머리 위에에 내려앉아 재미있고 새로운 이야기를 들려주었습니다. 한편 이런 까마귀의 모습을 지켜보던, 머리에 부스럼 난 사자가 침을 흘리며 중얼거렸습니다.

"하, 고 녀석 **너울가지** 한 번 좋구만. 딱 한 입이면 되겠는데…!"

다음날, 호수 건너 자작나무 숲속 결혼식에 갔던 까마귀가 돌아왔습니다.
"자작나무 숲속 공작새 결혼식 얘기 듣고 싶지 않나? 정말 근사했다구!"
그때 머리에 부스럼 난 사자가 어슬렁거리며 다가왔습니다.
"그래! 나에게 그 얘기를 좀 자세히 해주겠나? 이리 가까이 와서!"
"좋아! 얼마든지!"
신이 난 까마귀는 사자의 어깨 위에 사뿐히 내려앉았습니다.
그 순간, 사자는 잽싸게 까마귀를 낚아챘습니다. 그 광경을 지켜본 기린이 혀를 차며 이렇게 말했습니다.
"쯧쯧! 까마귀 녀석, 아무에게나 **너울가지** 좋게 굴더니 결국 사자 밥이 되는구나!"

'너울가지'란
'남과 잘 사귀는 솜씨, 붙임성이나 포용성 따위'를 뜻하는 우리말입니다.

너털웃음

어느 나라의 성문 밖에 벽보가 나붙었습니다.

〈임금님이 웃음을 잃으셨다. 임금님께서, 자신을 웃게 하는 사람에게는 이 나라의 절반을 상으로 주겠다고 약속하셨다. 그러나 만약 웃기려하다가 성공하지 못하면 그 사람은 재산을 몰수당할 것이다.〉

"하하, 그정도야 식은 죽 먹기지! 나처럼 유머가 넘치는 사람은 얼마든지 임금님의 웃음을 되찾아드릴 수 있어!"

다음 날부터 많은 사람들이 자신있게 임금님을 웃기러 찾아갔습니다. 하지만 뜻밖에 아무도 성공하지 못하고 재산만 빼앗기고 말았습니다.

"치! 일부러 웃음을 참고 있는 게 틀림없어!!"

재산을 빼앗긴 사람들은 억울해하며 이렇게 분통을 터뜨렸습니다.

그러나 웃음을 잃은 임금님은 정말로 괴로웠습니다. 아무리 우스운 이야기를 들어도 우습기는커녕 슬프기만 했기 때문입니다.

어느 날, 임금님을 웃겨보겠다는 한 사나이가 나타났습니다.

"어떻게 나를 웃겨보겠다는 거지?"

사나이는 신하들을 모두 나가게 했습니다.

잠시 후, 임금님의 방 안에서 요란한 웃음소리가 터져 나왔습니다.

"푸~하하하~! 하하하!!"

밖에서 대기하고 있던 신하들은 깜짝 놀랐습니다.

"임금님이! 드디어 **너털웃음**을 웃으시는군요?!"

"정말 그렇군요! 뭐가 저렇게 즐거우실까?"

임금님의 **너털웃음**을 터뜨린 사나이는 약속대로 큰 재산을 얻어 부자가 되었답니다.

'너털웃음'이란
  '소리를 크게 내어 호탕하게 웃는 웃음'을 가리키는 재미있는 우리말입니다.

넌지시

깊은 밤중에 담장 너머로 꾀꼬리 울음소리가 조용히 들려왔습니다.

옥분이는 눈을 깜박이며 귀를 기울였습니다.

"옥분 낭자! 옥분 낭자!"

누군가 작은 소리로 옥분이를 부르는 것이었습니다.

"어머나, 도련님이 오셨나봐…!"

옥분이는 살그머니 문을 열고 밖으로 나갔습니다. 담장 가까이 다가가자 담장 위로 정 도령이 고개를 내밀었습니다.

"내일 낮에 봉수네 집에서 잔치가 있을 것입니다. 그때 부모님을 따라 함께 꼭 오세요!"

옥분이는 고개를 끄덕였습니다.

"얼른 가세요! 누가 보면 큰일 나겠어요!"

옥분이네 집과 정 도령의 집안은 원수지간이었습니다. 그래서 두 사람은 마음대로 만나거나 결혼을 할 수도 없었습니다.

다음날 아침, 옥분이는 부모님 앞에 불려갔습니다.

"간밤에 네가 담장 아래서 누군가와 넌지시 만나고 있었다는데?"

아버지의 물음에 옥분이는 깜짝 놀랐습니다.

"아니에요, 아버지! 그냥 잠이 안 와서 바람 좀 쐬느라고…"

그러자 어머니가 이렇게 말씀하셨습니다.

"그래? 잠을 못 잤을 테니 무척 피곤하겠구나? 오늘 봉수네 집 잔치는 우리끼리 갈 테니 너는 집에서 푹 쉬는 게 좋겠다!"

'넌지시'는
'드러나지 않게 가만히, 남이 모르게 살짝, 몰래, 비밀히'라는 뜻으로 쓰이는 우리말입니다.

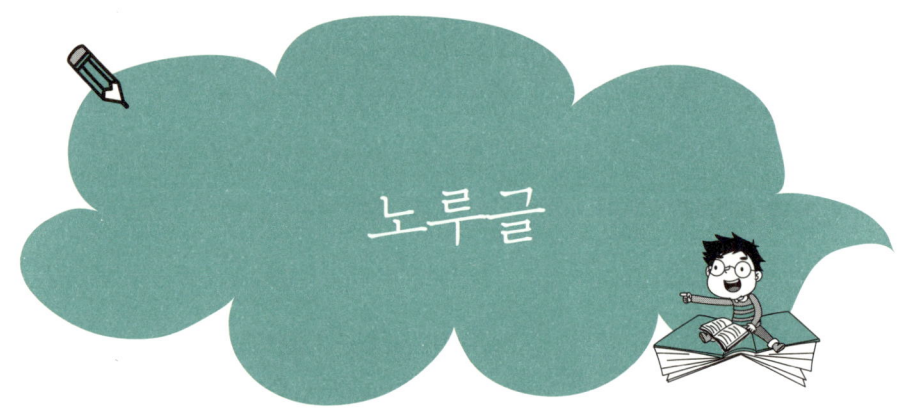

노루글

겨울 방학을 맞은 민준이네 가족은 오랜만에 스키장에 갔습니다. 며칠 전 내린 폭설로 인해 스키장은 물론 온세상이 새하얗게 뒤덮였습니다. 눈이 많이 쌓인 언덕배기마다 스키 타는 사람들로 북적거립니다. 민준이 가족도 스키어 복장을 갖추고 조심스레 눈길을 더듬어 움직였습니다.

"어, 여기 무슨 안내문이 있어요! …오늘은 다른데 가서 타야 된대요! 누가 부상사고를 당했는데…잘못하면…우리가 책임져야 된대, 그러니까 다른 코스로 가서 타라고 써 있어요…"

앞서가던 민준이가 안내문을 읽고는 가족들에게 큰소리로 설명했어요.

"뭐라고? 그게 무슨 소리야? 사고가 났대? 어디 보자…."

안내문은 다음과 같았어요.

C코스 안내문: 지난밤의 폭설로 코스 이용을 임시 폐쇄합니다. 안내문을 무시하고 무단으로 C코스를 이용하다 부상 등의 사고를 당

하실 경우 100% 이용자의 책임으로 간주됨을 알려드립니다.

코스의 상태가 회복되는 대로 오픈하겠으니 양지바랍니다.

이용에 불편을 드려 죄송합니다.

-백곰스키장 관리인 드림

아버지가 안내문을 다시 읽으시고는 이렇게 말씀하셨어요.

"하하, 이 녀석아 스키 안경도 벗고 제대로 찬찬히 읽어야지, 그렇게 경중경중 **노루글**을 읽으면 어떡하누! 내용이 그게 아니잖아?!"

"어디 나도 좀 보자!…아하하…말도 안돼! 정말 그야말로 띄엄띄엄 읽고 싶은 글자만 읽었나봐~부상 책임은 무슨…!"

스키 안경을 벗고 안내문을 읽은 누나도 헛웃음을 터뜨렸어요.

"**노루글**?? 그게 뭐에요, 아빠…"

민준이는 그제서야 스키 안경을 벗으며 고개를 갸웃거렸어요.

'노루글'이란
'노루가 경중경중 걷는 것처럼 내용을 건너뛰며 띄엄띄엄 읽는 글'을 뜻하는 재미있는 우리말입니다.

농익다

　여름방학을 맞은 지현이는 엄마와 함께 캐나다에 사는 이모네 집에 가게 되었습니다. 아버지는 바쁜 회사일 때문에 함께 갈 수 없어서 아쉬웠지만 어쩔 수 없었습니다.

　"그나저나 우리 없는 동안 혼자라고 아무렇게나 하면 안돼요!"

　어머니는 남편이 혼자 지내게 되어 걱정이 이만저만이 아니었습니다.

　"별 걱정을 다해! 아무 걱정 말고 잘 다녀오라구! 나에게도 혼자만의 자유가 필요하다니까! 야호~!"

　아버지의 환호에 지현이도 은근히 걱정스러워졌습니다.

　"엄마… 아빠가 우리랑 떨어져 지내게 된 걸 저렇게 즐거워하시니 정말 걱정돼요! 사고라도 치시면 어쩌죠?"

　"그러게 말이다…한 달동안 집안 꼴이 어떻게 될지 벌써부터 걱정이구나…어휴…그렇다고 회사도 때려치우고 같이 가자고 할 수도 없고…"

　지현 어머니의 한숨에 아버지가 진짓 이렇게 말했어요.

"아이고 그냥 하는 소리지…내가 뭘 어쩐다구 그래…내가 어린앤가? 다 알아서 할테니까 걱정 말고 딸내미랑 즐겁게 지내다 오라구!"

며칠 후, 캐나다에 도착한지 3일 후 지현 어머니가 호들갑스레 전화를 했습니다.

"여보, 내가 깜박 잊고 온 게 있어요!! 어쩌나… 부엌 베란다에 보면 바나나 5개정도 남아있는데, 그거 다 물러지기 전에 드셔야 돼요! 안 그럼 다 버려야 한다구요! 아까워라…"

아내의 말에 지현 아버지는 그럴줄 알았다는듯 대답했습니다.

"어휴, 이 사람아! 그걸 이제야 생각해냈어? 이 더운 날씨에 그 바나나는 이미 **농익어서** 진물이 줄줄 흐르고…날파리들의 먹이가 되는 바람에 벌써 갖다 버렸는걸!"

'농익다'라는 표현은
'과실 따위가 흐무러지도록 푹 익었다'는 뜻으로 쓰이는 재미있는 우리말입니다.

눈썰미

호정이는 며칠 전 부모님과 함께 이천 도자기마을에 다녀왔습니다.

그곳에는 도자기 장인들의 작업실도 많이 있었습니다. 호정이에게 도자기 만드는 광경은 무척 흥미로웠습니다. 물레 위에 흙덩이를 얹어놓고 물을 발라가며 그릇을 완성하는 과정이 신기했던 거죠.

"우와, 정말 신기해요. 그릇을 저렇게 만드는 구나!"

호정이네는 도자기 그릇을 몇 개 사고, 여러 가지 예쁜 그릇들을 구경한 뒤에 집으로 돌아왔답니다.

얼마 후, 미술시간에 〈찰흙으로 여러 가지 만들기〉수업을 하게 되었습니다.

"여러분이 흙으로 만들고 싶은 물건을 만드는 거예요. 얼마나 재미있는 물건을 빚어내는지 볼게요."

선생님이 간단하게 주의사항을 일러주시고 만들기가 시작되었어요. 아이들은 각자 준비해온 찰흙을 주물러 무언가를 만들기 시작했어요.

"난, 우리 집 강아지 뤼팽이랑 똑같이 만들어야지!"

"난 배를 만들 거야, 나중에 요트로 세계여행을 할 거니까!"

잠시후, 호정이도 찰흙에 물을 발라가며 무엇인가를 만들어 나갔어요.

"이게 뭐니?"

호정이 곁으로 다가온 선생님이 물으셨어요.

"고려청자에요. 지난주에 부모님과 함께 도자기마을에 가서 본 거예요."

손바닥에 말라붙은 찰흙을 비벼내며 호정이가 대답했어요.

"그래? 그러고 보니 고려청자 같네? 호정이는 **눈썰미**가 참 좋구나? 한 번 보고도 척척 만들어 내니까 말이야!"

선생님은 호정이의 머리를 쓰다듬어 주셨어요.

'눈썰미'란
'한두 번 보고 곧 그대로 해내는 재주'라는 의미로 쓰이는 재미있는 우리말입니다.

는개

영선이네 가족은 주말을 맞아 가까운 산에 오르기로 했습니다. 목적지는 청계산입니다.

"오늘 비가 온다는 소리가 있던데, 일기예보가 완전히 틀렸나봐요? 해는 안 나왔지만 날씨가 적당한 것 같아요!"

"등산하다 비 오면 어떡해요, 아빠?"

"그냥 맞아야지 뭘 어떡해? 가능하면 그 전에 내려오도록 해야지."

오랜만에 산을 찾은 네 사람은 기분이 좋았습니다. 늦봄 휴일의 청계산에는 많은 등산객들이 북적거렸습니다. 영선이는 모자를 고쳐 쓰고 배낭과 옷매무새를 정돈한 다음 정상을 향해 천천히 걸음을 옮기기 시작했습니다. 몇 년 만에 산길을 오르자니 힘이 들기는 했지만 점점 깨끗한 공기를 맡게 되어 기분은 더욱 상쾌해져갔습니다.

앞서가던 오빠 영진이가 하늘을 올려다보며 문득 이렇게 중얼거렸어요.

"어, 비가 오려나…하늘이 컴컴한데요…?"

정상 근처에 다다르자 어느새 어둑한 하늘에서 무언가 떨어지는 것이 느껴졌어요. 굵은 빗줄기는 아니고, 안개보다는 조금 굵고 이슬비보다는 가는 물방울이 날리기 시작했어요.

"정말 비가 오네… 더 쏟아지기 전에 얼른 내려가자!"

어머니 손을 꼭 잡고 하산을 재촉하던 영선이가 손바닥을 하늘로 향하며 아버지께 물었어요.

"그런데 아빠, 비가 오는 거 맞아요?? 빗줄기가 쏟아지지도 않는데 옷은 축축하게 젖었고…이상해요…"

"그래, 는개가 오는구나! 이런 비를 는개라고 하지. 다들 속옷까지 젖지 않도록 등산복 잘 채우고 미끄러지지 않도록 발 조심하거라!"

'는개란
'안개보다는 조금 굵고 이슬비보다는 가는 비'를 가리키는 우리말입니다.

다잡다

임진년에 왜군들이 우리나라에 쳐들어와 임진왜란을 일으켰습니다. 그때 수많은 사람들이 죄 없이 죽어갔습니다.

"몸조심하고 어머님을 잘 모셔라!"

평범한 백성이었던 갑순이네 집에서는 아버지와 오빠 둘이 모두 전쟁터에 싸우러 나갔습니다. 그래서 집에는 병든 어머니와 갑순이만 남았다가 겨우 난리를 피했습니다.

"아버지와 오라버니들은 무사히 돌아오실 거야!"

갑순이는 무슨 나쁜 일이 생기지 않게 해달라며 열심히 기도했습니다.

어느덧 전쟁이 끝났습니다. 전쟁에 나갔던 이웃의 가족들은 모두 돌아왔습니다. 그런데 갑순이의 두 오빠와 아버지는 소식이 없었습니다.

"왜 이렇게 안 오시는 거지?"

그렇게 애타게 기다리던 어느 날, 작은 오빠가 한쪽 다리를 절룩이며 돌아왔습니다.

"작은 오빠? 이게 웬일이세요? 큰 오빠와 아버지는요?"

작은 오빠는 눈물을 흘리며 한동안 말을 잇지 못했습니다.

"갑순아, 놀라지 말고 마음 굳게 **다잡아**야 된다!…형님과 아버님은…그만 돌아가셨단다…"

갑순이는 깜짝 놀라 큰소리로 울음을 터뜨렸습니다.

"이럴 수가? 옆집 정이네 가족은 모두 무사히 돌아왔던데…흑흑…"

작은 오빠는 슬퍼하는 갑순이를 위로하기 시작했습니다.

"큰 오빠와 아버지는 용감하게 왜군을 무찌르셨단다. 이제는 우리가 힘을 모아 어머니를 잘 모시자."

'다잡다'는
'들뜨거나 어지러운 마음을 가라앉혀 바로잡다'라는 뜻을 가진 멋진 우리말입니다.

더부살이

"대감마님, 대감마님!"

최 대감은 마을에서 욕심 많기로 소문난 부자였습니다.

"밖에 누구냐? 누군데 단잠을 깨우는 게야?!"

최 대감은 마지못해 대청마루로 나갔습니다. 마루 끝에는 돌쇠가 머리를 조아리고 앉아 있었습니다.

"무슨 일이야? 논일이 바쁠 텐데 일은 안하고 농땡이를 치려는 게냐?!"

최 대감은 호통부터 쳤습니다.

"마님, 제가 이 집에 들어온 지 10년이 넘었습니다요. 그런데 그동안 쇠경(품삯)을 한 푼도 받지 못했습니다…"

최 대감은 헛소리를 들은 듯이 눈을 껌벅이며 큰소리로 나무랐습니다.

"대체 무슨 소릴 하는 게야? 근본도 모르는 네놈을 받아주고 먹이고 재워 준 게 어딘데, **더부살이** 주제에 어디서 쇠경을 운운하느냐?!"

그러나 돌쇠는 포기하지 않고 다시 한 번 사정했습니다.

"마님, 저도 이제 장가를 가야겠습니다요. **더부살이** 10년 동안 저도 공짜 밥 먹지 않고 열심히 일했습니다. 그러니 이제부터라도 쇠경을 좀 쳐주십시오, 예? 마님!"

그러나 대감마님은 시끄럽다는 듯 귀를 후비며 다른 하인을 불렀습니다.

"아무도 없느냐? 귀찮은 더부살이 돌쇠 놈을 당장 쫓아 내거라!! 쇠경이라니, 한 푼도 못 준다!!"

다른 하인에게 끌려 나가는 돌쇠를 보며 사람들은 혀를 찼습니다.

"10년 동안이나 공짜로 부려먹었으면 이제부터는 용돈이라도 좀 줘야 도리지! 최 대감 정말 지독해!"

'더부살이'라는 단어는
1.남의 집에서 먹고 자면서 일을 해 주고 삯을 받는 일. 또는 그런 사람, 2.남에게 얹혀사는 일, 3.나무나 풀에 기생하는 식물, 등의 뜻으로 쓰이는 우리말입니다. 여기서는 1의 뜻으로 쓰였습니다.

덤터기

"사또! 이 녀석을 엄벌에 처해주십시오!"

한 양반이 제 집 하인을 끌고 관가로 왔습니다.

"무슨 일이냐?"

사또는 수염을 쓰다듬으며 물었습니다.

"예, 저희 집에 콩알만 한 진주로 만든 목걸이가 있었습니다. 그런데 어제 손녀딸이 그걸 가지고 놀다가 그만 줄이 끊어졌습니다. 그 바람에 진주알이 마당으로 쏟아졌는데, 모두 주워 같은 줄에 꿰어보니 분명히 진주 알 두 개가 부족합니다. 그때 마침 마당을 쓸고 있던 이 마당쇠 놈이 슬쩍 가져간 게 틀림없습니다요!"

끌려온 하인은 억울하다는 듯 말했습니다.

"사또 나리, 저는 그저 마당을 쓸고 있었을 뿐입니다. 진주알이 떨어졌는지도 모르고 있었습니다요. 저는 **덤터기**를 쓴 것뿐입니다요, 억울합니다요, 제발 사실을 밝혀주십시오!"

사또는 두 사람의 말을 가만히 듣고 나서 말했습니다.

"그때 마당에는 또 누가 없었느냐?"

"이 녀석 말고는 아무도 없었습니다요. 우리에 있어야 할 오리 녀석들이 마당에 나와 돌아다니는 바람에 여기저기 똥을 싸길래 마당쇠에게 그걸 쓸라고 시켰습죠!"

양반의 대답을 들은 사또는 다시 곰곰 생각한 후에 입을 열었습니다.

"범인은 그 오리 녀석들이다. 오리들을 잡아오너라! 먹이를 먹여 똥을 누게 한 다음 똥을 헤쳐보아라! 아마 진주알이 나올 것이다!"

아랫사람들이 그대로 하여 마침내 마당쇠는 누명을 벗을 수 있었습니다.

'덤터기'는
'남에게 넘겨씌우거나 남에게서 넘겨받은 허물이나 걱정거리 또는 억울한 누명이나 오명'이라는 의미의 재미있는 우리말입니다.

덧거리

미라는 시골 외할머니 댁에 놀러갔습니다.

할머니는 미라를 데리고 3일장에 가셨습니다. 서울의 백화점이나 대형 할인점과는 비교도 할 수 없지만 신기한 물건들은 정말 많았습니다. 할머니는 반찬거리 몇 가지와 소고기를 샀습니다.

"할머니, 나, 저 땅콩 먹고 싶어요."

땅콩장수 앞을 지나던 미라가 할머니를 졸랐습니다.

"그래? 우리 미라가 땅콩이 먹고 싶구나?"

할머니는 땅콩장수 앞에 앉았어요.

"이게 얼마 씩이유?"

"한 되에 오천원씩이에유. 싸지유?"

땅콩장수는 순박하게 웃으며 말했어요.

"한 되만 주슈, 우리 손녀가 먹고 싶다니까."

땅콩장수는 수북하게 한 됫박의 땅콩을 비닐봉지에 담았어요.

"많이 드린 거유…"

"아유, 좀 더 줘유, 덧거리도 없수?"

할머니는 얼른 땅콩 한 움큼을 집어 비닐봉지 안으로 넣었어요.

"아이고, 할머니, 많이 드렸잖어유? 이렇게 하면 밑지는디…"

"그러지 말고 좀 더 주슈, 두어 주먹은 더 주는 게 보통 아닌감?!"

땅콩을 까먹으며 집으로 오는 동안 미라가 할머니께 여쭈었어요.

"할머니, **덧거리**가 뭐에요? 아까 땅콩 살 때 그렇게 말씀하셨죠?"

"**덧거리**는 아까처럼 한 되를 사고 좀 더 얹어 주는 걸 말하지. 백화점 같은 데서는 말해봐야 소용도 없지만 이런 시골 장에서는 말만 잘하면 조금씩 더 얹어준단다."

'덧거리'는
1. 정해진 수량 이외에 덧붙이는 물건, 2. 사실에 보태어 없는 일을 덧붙여서 말하거나 그렇게 덧붙이는 말, 이라는 뜻의 우리말입니다.
여기서는 1의 뜻으로 쓰였습니다.

도닐다

"애야, 할아버지 어디 계시니? 식사하시게 모시고 오너라!"

할머니가 손주 민석이에게 말씀하셨습니다. 민석이는 그 소리에 저녁식사 시간이 된 것을 알았습니다.

"할아버지! 할아버지!"

민석이는 할아버지를 불러보았어요. 그렇지만 집안 어디에도 보이지 않았어요.

"할머니, 할아버지가 안 보여요. 어디 먼데 가신 거 아니에요?"

"글쎄다, 아무 말씀도 없으셨는데 어딜 가셨나?"

할머니가 근심스러워하실 때, 민석이 누나 민주가 돌아왔습니다.

"할머니, 민주 왔어요!"

민주는 씩씩하게 외치며 집안으로 들어섰어요.

"민주냐? 어서 오너라."

"할아버지는 지금 안 계시단다."

"아참, 조금 전에 밖에서 할아버지 봤어요?"

"그래? 그 양반 지금 어디 계시냐? 몸도 불편하신 분이 없어져서 깜짝 놀라고 있는 중인데…?"

"아, 그러세요? 그럼 제가 모시고 올 걸 그랬죠? 요 앞 공원 연못가에서 **도닐고** 계시던 걸요?!"

"아이고 그래? 얼른 가서 좀 모시고 올래? 며칠 동안 감기를 앓으시더니, 답답해서 나가셨구나. 그래도 아직 더 쉬셔야 한단 말이지!"

그래서 민석이와 민주 남매는 할아버지를 모시러 나갔습니다.

'도닐다'라는 단어는
'가장자리를 빙빙 돌며 거닐다'라는 의미의 우리말입니다. '돌다'와 '가다'라는 뜻의 '니다'가 합쳐서 생겨난 말이에요.

도란도란

"이미영!? 이미영? 미영이 안 왔니?"

"선생님, 미영이 오늘도 결석이에요…"

착하고 모범생인 미영이가 오늘도 결석을 했습니다.

선생님과 아이들은 아무도 그 이유를 모릅니다.

"미영이네 집에 무슨 일 있는지 아는 사람?"

생활기록부를 열어 미영이네 주소를 확인한 선생님은 방과 후에 집으로 직접 찾아가 보기로 했습니다.

미영이네 동네는 산비탈의 재개발지역이었습니다. 선생님은 주소를 적은 수첩만 들고 한참을 헤매 다니셨습니다.

"여기가 미영이네 집인가요?"

선생님이 미영이네 대문을 두드려 보았지만 아무 소리도 나지 않았습니다.

"미영아, 미영이 있니?"

소리를 듣고 내다보던 옆집 아주머니가 대신 소식을 전해주었습니다.

"아이고, 미영이네가 아주 죽게 생겼어요! 지금 아무도 없을 거예요."

"무슨 일이 있나요!?"

"가진 것 없고 단칸방에 살망정 네 식구가 **도란도란** 재미있게 살았는데⋯ 미영이 아버지가 얼마 전에 교통사고 나서 지금 혼수상태래요!"

그제서야 선생님은 여태 미영이에게 그런 일이 있는 줄도 모르고 있었던 자신이 부끄럽고 미안해 마음이 아팠습니다.

"그 착한 아이가 그동안 얼마나 마음고생이 심했을까⋯"

'도란도란'이란
1.여럿이 나직한 목소리로, 서로 정답게 이야기하는 소리 또는 그 모양, 2.개울 물 따위가 잇따라 흘러가는 소리 또는 그 모양, 을 표현한 고운 우리말입니다. 여기서는 1의 뜻으로 쓰였습니다.

돋나다

학교에서 돌아온 순철이가 엄마를 찾았습니다.
"엄마, 어디 계세요? 저한테 시킬 일 없으세요?"
어머니는 부엌일을 하시다가 놀라 되물으셨습니다.
"심부름? 네가 웬일이니? 생전 말도 잘 안 들으면서!"
"에이 엄마, 이제부터 저도 심부름 잘하고 많이 도와드릴게요!"
그때부터 순철이는 어머니를 열심히 도왔습니다. 그리고 밖으로 나가 길거리를 두리번거렸습니다.
"어디로 가야 되지? 어려운 사람도 도와줘야 되는데…"
마침 무거운 짐을 들고 가는 할아버지에게 얼른 다가갔습니다.
"할아버지, 제가 도와드릴게요!"
"어이구, 참 기특하구나! 고맙다!"
순철이가 들기에는 좀 무거운 것이었지만 힘을 내어 도와드렸습니다. 나중에는 아예 전철역 부근에서 무거운 짐을 들고 계단을 오르는 장애인, 노인들을 보는 대로 열심히 손을 뻗었습니다.

그런 다음날, 순철이는 그만 몸져눕고 말았습니다.

"어디서 무얼 했길래 몸살이 난 거야? 하라는 공부는 안 하고?"

"그게 아니구요… 선생님께서 훌륭한 사람이 되려면 어려운 사람을 많이 도와야한다고 하셨어요…"

이 말을 들은 어머니는 기가 막혔습니다.

"어이쿠, 그래 생전 말썽만 부리던 애가 그런다고 하루아침에 돋난 사람이 되니? 억지로 하니까 몸살이 나는 거야. 남에게 봉사하는 건 몸에 배야 되고 스스로 마음에서 우러나야 되는 거야!"

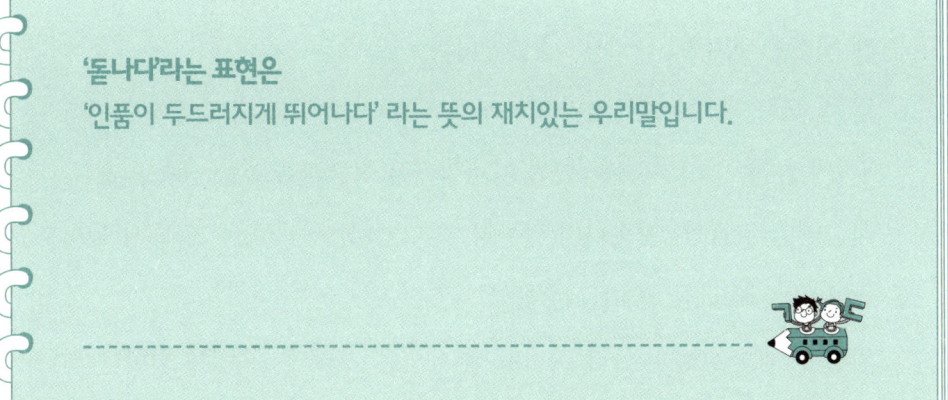

'돋나다'라는 표현은
'인품이 두드러지게 뛰어나다' 라는 뜻의 재치있는 우리말입니다.

돋을볕

장마철이 되면 비가 자주 오고 흐린 날도 많습니다. 그래서 온도뿐 아니라 습도가 매우 높아집니다. 이번 장마는 특히 길고 비가 많이 내립니다.

"아이고 장마가 언제나 끝나려나?"

어머니는 습도가 높아 옷이나 이부자리가 눅눅한 것이 불편했습니다.

"하루에 한 번씩은 햇볕을 쬐어야 이부자리도 보송보송하고 좋은 건데, 비가 며칠씩 내리니 걱정이다! 아우, 눅눅해…"

그렇지만 희석이는 비가 오는 게 즐거웠습니다. 비가 올 때 밖에 나가 노는 게 햇볕이 내리쬐는 날보다 좋았습니다.

"난 비 오는 게 좋은데? 엄마도 시장 보러 가지 않아도 되고 좋지 않아?"

희석이 말에 어머니는 희석이가 얄미워져서 이렇게 호통을 쳤습니다.

"너, 제발 비 좀 맞고 다니지 말아라! 게다가 흙탕물투성이가 돼서 들어오고 말이야! 빨래도 잘 안 마르는데…!"

"엄마는 애들 심정을 몰라주는 거야! 애들은 그렇게 노는 게 얼마나 신나는데!?"

"뭐? 신난다구? 너 같은 녀석은 장대 끝에 매달아서 돋을볕에다가 3일동안 널어놔야 돼!"

"돋을볕? 그게 뭔데요, 엄마?"

다음날 아침, 오랜만에 화창한 날씨가 되었습니다. 기분이 좋아진 어머니는 활짝 갠 하늘 위로 높이 솟아오른 햇님을 향해 눅눅한 이부자리와 옷가지들을 꺼내어 활짝 펼쳐 널어놓으며 이렇게 외쳤습니다.

"장마철에는 활짝 갠 날씨가 제일 고맙지!"

'돋을볕'이란
'아침에 해가 솟아오를 때의 햇볕'을 뜻하는 재치 있는 우리말입니다.

두름

방학을 맞은 순미는 전남 영광의 할머니 댁에 놀러갔습니다.

영광은 굴비로 유명한 곳입니다.

순미네 할머니 댁도 바다에서 잡은 조기를 소금에 절여 통째로 말려 굴비 만드는 일을 하십니다.

"아이고, 우리 순미 왔구나?! 많이 컸네?"

할머니는 바쁜 일손을 놀리시다가 손녀를 반갑게 맞아주셨습니다. 순미는 소금에 절여 바닷가에서 말려지는 생선들이 무척 신기하게 보였습니다.

"이번에 할머니 댁에서 일을 거들고 가면 현장학습 기록으로 학교에 낼 거예요."

그러면서 순미는 할머니가 하시는 일을 거들어 보려고 나섰습니다.

"할머니처럼 하려면 어떻게 해야 돼요?"

"네가 굴비를 한 두름에 엮어 보겠다고? 그래, 해봐라…호호."

순미는 할머니가 내미는 지푸라기와 굴비를 가지고 어른들이 만든 것과 똑

같이 만들려고 애를 썼습니다.

"이렇게… 새끼줄에 굴비를 끼워 넣으면 되나요?"

그렇지만 아무리 해도 마음처럼 잘되지 않았습니다. 그때, 사촌 언니가 순미를 불렀습니다.

"순미야, 언니 밥 먹을 건데, 같이 먹자! 굴비 구워서 흰 쌀밥에 얹어먹으면 기막히게 맛이 좋아!"

순미는 그 소리가 반가웠지만 시치미를 떼고 말했습니다.

"아, 그렇지!! 굴비를 잘 엮으려면 일단 굴비 맛부터 봐야겠다! 히히."

그리고 얼른 일어나 안으로 뛰어 들어갔습니다.

'두름'이란

1.조기 따위의 물고기를 짚으로 한 줄에 열 마리씩 두 줄로 엮은 것, 2.고사리 따위의 산나물을 한 줄에 길게 엮은 것을 가리키는 우리말입니다.
여기서는 1의 뜻으로 쓰였습니다.

둥개다

"엄마, 오늘은 저희가 맛있는 음식을 해드릴 게요."

생신을 맞은 어머니를 위해 무엇인가 준비했다는 것입니다.

"그래? 우리 철민이가 대체 무슨 음식을 해줄려나?"

"누나랑 같이 하는 거예요. 비빔국수!"

요리사가 되고 싶다는 철민이와 누나는 요리책을 펴놓고 먼저 물을 끓이기 시작했습니다. 물이 끓을 동안 비빔국수에 넣을 양념장을 만들기 시작했습니다.

"파를 썰어서 넣고 마늘도 넣어야 돼, 간장이랑 고추장도 섞고…"

누나는 제법 아는 소리를 하며 동생 철민이와 함께 열심히 요리를 만듭니다. 마침 국수 삶을 물이 끓기 시작했습니다.

"얘들아, 국수는 엄마가 삶아 줄까? 물이 뜨거울 텐데…"

"아니에요, 다 할 수 있어요. 걱정 마세요!"

아이들은 여전히 큰소리를 쳤습니다. 먼저 냄비뚜껑을 열고 끓는 물에 마른 국수를 넣었습니다. 잠시 후, 물이 넘칠 듯이 거품이 끓기 시작했습니다.

"어어? 이게 왜 이러지? 얼른 불을 꺼봐!"

국수를 삶아본 적이 없는 아이들은 물이 넘칠까봐 놀라 허둥대기 시작했습니다.

"엄마, 이것 좀 봐주세요. 물이 넘치듯이 끓어요!"

아이들의 외침에 달려온 어머니가 끓는 냄비에 찬물을 한 컵 부으며 말씀하셨습니다.

"이 녀석들, 그것 봐라, 국수는 아무나 삶는 줄 아니? 물이 좀 끓는다고 놀라서 그렇게 둥개면 어쩌니?"

그제서야 넘칠듯 끓어 오르던 거품이 가라 앉았습니다.

'둥개다'라는 단어는
'일을 감당하지 못하고 쩔쩔 매다'라는 뜻으로 쓰이는 재미있는 우리말입니다.

들무새

한여름이 무사히 지나는가 했더니 무서운 태풍이 불어 닥쳤습니다.

매년 늦여름에서 초가을 사이에는 한 두 개의 태풍이 우리나라나 주변지역을 지나갑니다. 대부분, 조용히 지나기보다는 적지 않은 피해를 입히곤 합니다.

"어휴, 이번 태풍으로 동해안에 사는 큰 아버지 댁이 많은 피해를 입었다는구나!"

큰어머니와 전화 통화를 끝낸 어머니가 이렇게 말씀하셨습니다.

"그럼 어떻게 해요?"

수연이가 걱정스레 여쭈었습니다.

"글쎄, 우리도 가서 도와드릴 일이 있으면 도와드려야 할 것 같다."

옆에 계시던 아버지가 말씀하셨습니다.

"저도 텔레비전에서 봤어요. 동해안 쪽으로 빠져나간 태풍 때문에 그쪽에 사시는 분들이 집을 잃으셨다고요…"

며칠 후, 추석을 앞둔 수연이네 가족은 태풍 피해를 입은 속초의 큰아버지 댁으로 갔습니다. 큰아버지 댁은 뒷산 축대가 무너지는 바람에 집이 흙에 뒤덮여버린 상태였습니다. 자원봉사자를 비롯한 많은 사람들이 집을 덮친 흙더미를 퍼내고 삶의 터전을 다시 만들기 위해 애쓰고 있었습니다.

"우리도 어서 도울 일을 찾아보자. 저렇게 많은 분들이 들무새가 되어주시니 정말 다행이구나!"

수연이 아버지가 팔을 걷어붙이며 이렇게 말씀하셨습니다. 그때 집 울타리를 복구하던 사람이 이렇게 외쳤습니다.

"그쪽에 계신 분, 넘어진 울타리 바로 세우는데 필요한 통나무 좀 들무새로 가져다주시겠어요?"

'들무새'란
1.뒷바라지에 쓰는 물건, 2.어떤 일에 쓰는 재료를 가리키며 남의 막일을 힘껏 돕는 사람을 가리킬 때도 쓰이는 우리말입니다.
앞의 들무새는 2의 뜻, 뒤의 들무새는 1의 뜻으로 쓰였습니다.

딸따니

일요일 아침입니다.

우람이는 아버지와 함께 오랜만에 북한산에 갔습니다. 한참을 오르고 보니 어느새 높은 곳에 닿았습니다.

발 아래로는 아직도 많은 사람들이 땀을 뻘뻘 흘리며 우람이가 있는 곳을 향해 오르고 있었습니다.

"우와! 아버지, 오늘은 특히 더 사람이 많은 것 같아요."

"그래, 날이 좋아서 그런가보다."

두 사람은 땀을 닦으며 더 높은 곳을 향해 오르기 시작했어요.

"어이쿠! 이게 누구야? 우람이 아니냐?"

누가 이렇게 외치는 소리에, 뒤를 돌아보던 아버지도 놀라며 되물었습니다.

"어! 자네도 왔군?!"

우람이 아버지의 친구도 자신의 딸 소영이와 함께 바로 뒤따라 올라오고 계셨어요. 마침내 우람이네와 소영이네 네 사람은 가장 높은 꼭대기에 올라서야 정식으로 인사를 나누었어요.

"우람이가 아버지를 모시고 산에 왔구나? 힘들지 않았니?"

"아니요, 재미있었어요."

그러자 우람이 아버지도 소영이를 보고 말씀하셨어요.

"우리 소영이도 같이 왔네, 제법이구나!"

"아, 그럼 우리 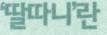가 얼마나 씩씩하고 부지런한데?!"

네 사람은 산꼭대기에서 땀을 식혀주는 시원한 바람을 쐬며 유쾌한 인사를 나누었습니다.

'딸따니'란
'어린 딸을 귀엽게 이르는' 고운 우리말입니다. 또 다른 표현으로는 '딸내미'라고도 합니다.

뜬돈

하교 길의 용수와 성준이가 함께 집을 향해 걷고 있었습니다. 그때 길가에 할머니 한 분이 커다란 짐 보따리를 들고 지친듯 앉아 계시는 것이 보였습니다.

"할머니, 제가 도와드릴까요?"

성준이의 말에 할머니는 지친 얼굴로 돌아보셨습니다.

"우리 딸네 집 찾아왔는데 도무지 어디가 어딘지 모르겠구나, 좀 찾아줄 수 있겠니?"

용수가 얼른 대답했습니다.

"그럼요, 짐 이리주세요. 이 동네가 맞나요?"

할머니는 꼬깃꼬깃한 종이를 내밀었습니다. 거기에는 '**동 ***번지'라는 주소가 적혀 있었습니다. 다행히 용수와 성준이가 사는 곳과 가까웠습니다. 얼마 후, 할머니가 찾는 집 앞까지 도착했습니다.

"어머, 엄마! 이게 웬일이에요? 터미널에 갔었는데 길이 어긋나서 얼마나 걱정했게요?!"

"이 아이들이 고맙게도 나를 여기까지 데려다 주었단다. 이렇게 고마울 때가 있나?"

잠깐 쉬었다 가라고 했지만 용수와 성준이는 그냥 돌아섰습니다. 그러자 할머니의 딸이 쫓아와서 무언가를 쥐어주었습니다.

"너무 고마워서 그러는 거니까 가면서 음료수라도 사먹어라, 응? 정말 고맙다?! 잘 가!"

용수는 손을 살그머니 펴보았습니다. 조그맣게 접힌 만 원짜리 한 장이었습니다. 성준이를 쳐다보며 용수가 씨익 웃었습니다.

"야, 이 뜬돈을 어떡할까? 음료수를 사먹기엔 좀 아깝지?"

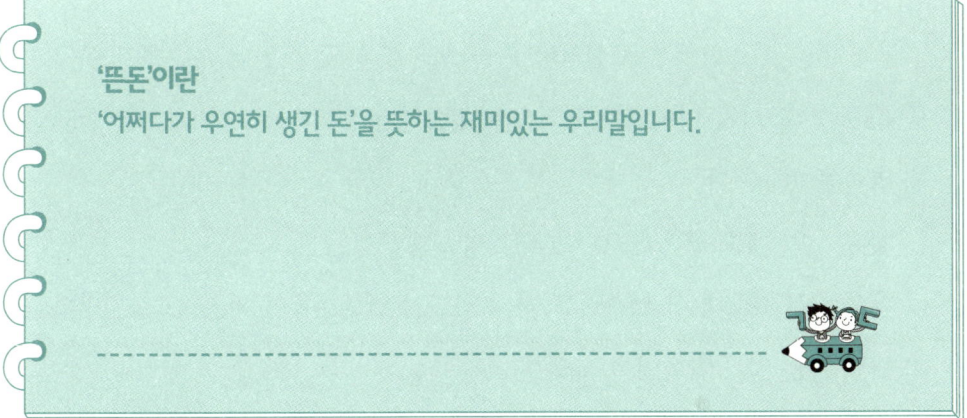

'뜬돈'이란
'어쩌다가 우연히 생긴 돈'을 뜻하는 재미있는 우리말입니다.

마름질

복순이 어머니는 요새 구민회관에서 '옷 만들기'를 배우는 중입니다.

"우와! 이거 엄마가 만드신 거예요?"

학교에서 돌아오던 복순이가 거실 소파에 놓인 예쁜 쿠션커버를 보고 감탄을 했습니다.

"그럼! 엄마가 아니면 누가 만들겠니?"

어머니는 복순이에게 은근히 자랑스럽게 말씀하셨습니다.

"엄마, 그럼 내 옷도 만들어주세요? 네!"

이제 겨우 기초반에서 쿠션커버 만들기를 배운 것 뿐인데 복순이가 옷을 만들어달라고 하자 어머니는 조금 당황했습니다. 그러나 복순이가 실망할까 봐 약속을 했습니다.

"물론이야! 예쁜 원피스 하나면 되겠니?"

"우와! 신난다! 내 짝 영순이도 자기 엄마가 만들어준 원피스 입고 자랑하고 다녔는데, 얼른 만들어 주세요!"

어머니는 다음날 시장에서 예쁜 옷감을 샀습니다. 그리고 '옷 만들기' 책과 복순이의 옷을 참고로 원피스를 만들기 시작했습니다. 한창 옷감을 늘어놓고 있을 때 복순이가 학교에서 돌아왔습니다.

"엄마, 근데 왜 이렇게 옷감을 다 잘라놨어요? 이게 옷이에요?"

그러자 어머니는 당황하며 대답하셨습니다.

"그게 아니고… 옷을 만드려면 먼저 치수대로 **마름질**을 해야되는 거야."

"아, **마름질**이요?! 그런데, 내가 보기엔 이렇게 작은 천조각들로는 원피스가 안 될것 같은데요…?"

'마름질'이란
'옷감이나 종이 따위를 치수대로 자르는 일'을 뜻하는 우리말입니다.

모갯돈

아침 출근 시간의 버스 안은 아주 복잡합니다.

회사로 출근하는 사람들과 학교에 가는 학생 등등 많은 사람들로 붐빕니다.

"아이, 그만 좀 밀어요! 깔려 죽겠어!!"

"기사 아저씨, 저 내려요! 잠깐만요…"

이런 소리들로 버스 안은 소란스럽고 공기도 나쁩니다. 사람들은 모두 어서 목적지에 도착하기만을 기다립니다. 그런데 다음 순간 누군가 비명을 질렀습니다.

"아이고, 도둑이야! 도둑!! 내 돈이 없어졌다!!"

웬 아주머니가 요란하게 외치자 사람들은 모두 웅성거리며 주위를 두리번거렸습니다. 그러자 운전석 부근에 있던 한 아저씨가 침착한 목소리로 운전기사에게 부탁했습니다.

"기사 아저씨, 여기 아주머니가 소매치기를 당한 것 같은데 정류장에 서지 마시고 가까운 경찰서로 곧장 가주세요!"

마침내 버스가 가까운 파출소 앞에 서자 경찰관이 올라왔습니다.

"한 사람씩 내리면서 몸수색하십시다. 그리고 돈 잃어버린 아주머니는 먼저 내려 보세요."

돈을 잃어버린 아주머니는 울상이 되어 버스 안의 사람들이 모두 도둑이라는 듯이 쳐다보았습니다.

"아주머니, 얼마나 잃어버리셨죠?"

경찰이 묻자 아주머니는 옆구리가 뚫린 가방을 열어 보이며 울먹거렸습니다.

"우리 딸 대학교 등록금으로 모은 **모갯돈**인데… 제발 좀 찾아주세요, 경찰 아저씨!"

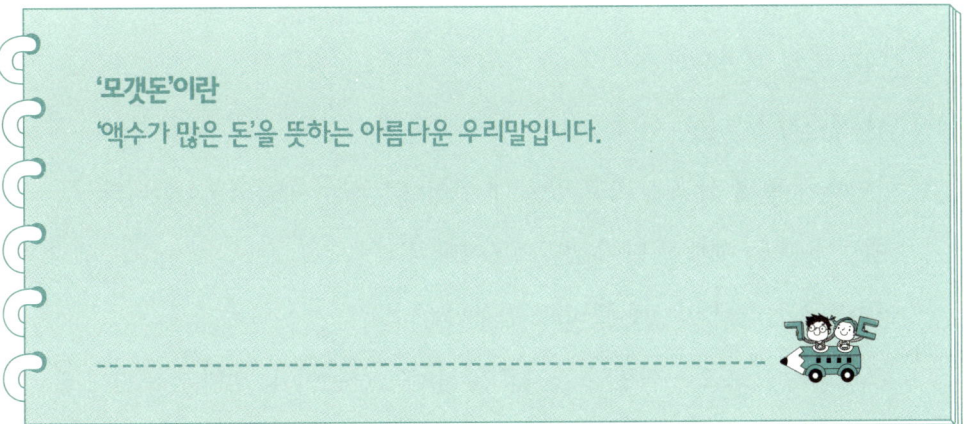

'모갯돈'이란
'액수가 많은 돈'을 뜻하는 아름다운 우리말입니다.

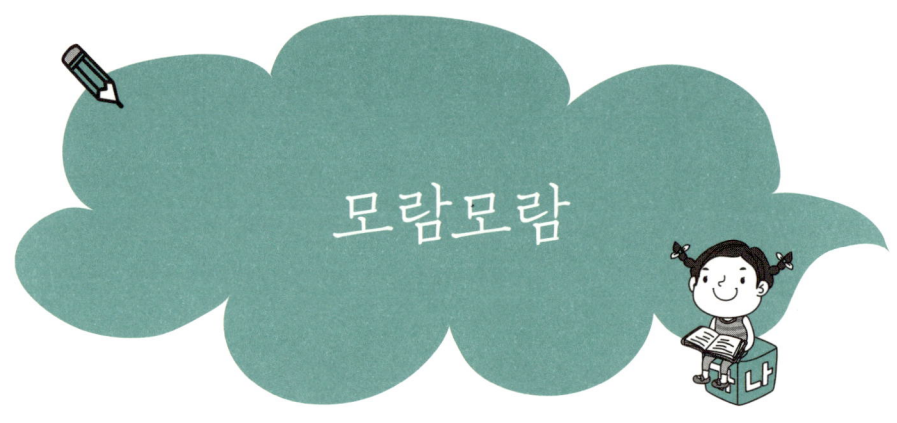

모람모람

"할아버지, 새해 복 많이 받으세요."

"할머니, 새해 복 많이 받으세요."

손주인 명희와 명환이가 세배를 했습니다.

"허허, 고놈들… 너희들도 복 많이 받고 공부 열심히 하거라. 옛다 세뱃돈이다!"

할아버지가 대표로 아이들에게 세뱃돈을 주셨습니다. 아이들은 빳빳한 새 돈을 받아들고 신이 났습니다.

"이걸로 뭐 사먹을까?"

"난 게임기 살 거야, 아냐, 어벤저스 인형을 사야지!"

아이들이 돈 쓸 계획을 짜고 있을 때 어머니가 살며시 들어오셨습니다.

"애들아, 오늘 세뱃돈 많이 받았지? 이리 내놔."

아이들은 놀라서 얼른 돈을 뒤로 감추었습니다.

"그거 초등학교 2~3학년이 가지고 있기에는 큰돈이야. 엄마가 보관해 줄 테니까."

그러나 누나인 명희가 또박또박 말했습니다.

"엄마, 작년에도 보관한다고 가져가고 나중에 안 주셨잖아요? 이젠 내가 보관 할래요!"

명희의 대답에 당황한 듯 어머니가 말씀하셨습니다.

"어머, 그게 아니야… 작년에 맡긴 돈도 그대로 통장에 넣어놨어요. 너희들 학교 다니면서 **모람모람** 들어가는 돈이 얼마나 많은 줄 아니?"

"**모람모람**이요? 그게 무슨 말이에요, 엄마?"

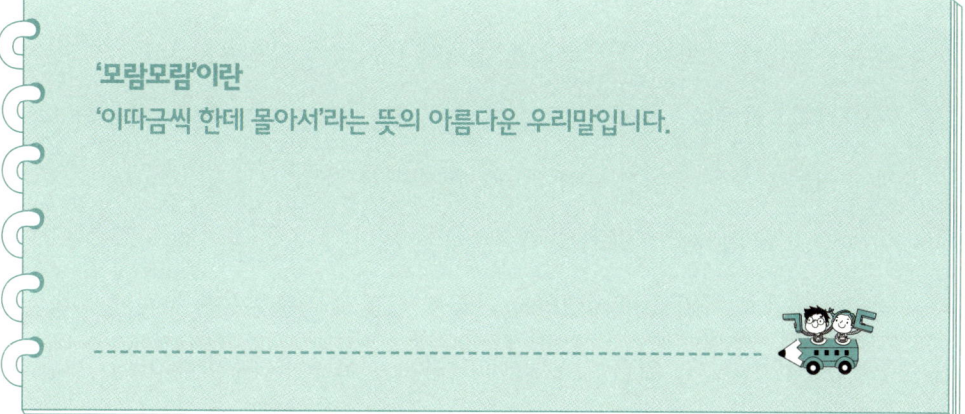

'모람모람'이란
'이따금씩 한데 몰아서'라는 뜻의 아름다운 우리말입니다.

모지라지다

내기를 좋아하는 신데렐라의 아버지는 어느 날 길을 가다가 마녀와 내기를 했습니다.

"내기에 지면 다섯 딸 중에서 원하는 딸을 주겠다. 대신 내가 이기면 너의 성을 다오!"

그러나 마녀와의 내기에서 이긴 사람은 없었습니다.

"약속대로 딸을 내놓아라!"

심술궂고 외모가 흉칙한 마녀는 딸들 중에서 제일 예쁜 신데렐라에게 질투심을 느꼈습니다. 그래서 신데렐라를 데려와 부려먹기 시작했습니다.

"신데렐라! 뭐하니? 어서 이 넓은 거실 청소를 해라! 그 다음엔 1층부터 5층까지 커튼을 모두 뜯어서 빡빡 주물러 빨아야 한다!"

"…아버진 왜 쓸데없이 내기를 하셨을까?"

열심히 일을 하다가도 신데렐라는 가끔씩 이렇게 한탄했지만 마녀에게 불평하지는 않았습니다. 일을 겨우 끝내고 잠시 쉬고 있을 때 마녀가 다시 나타나 호미를 던져주며 말했습니다.

"벌써 다했어? 넌 참 지치지도 않는구나? 흥! 이걸로 저 밭을 모조리 김매 놓도록 해! 다 하기 전엔 밥도 없어! 얼굴 예쁜 것도 미워죽겠는데 불평도 안 하다니! 정말 웃겨!!? 쳇!"

마녀는 흉측한 매부리코를 씰룩이며 사라졌습니다. 신데렐라는 마녀가 던져준 호미를 들여다보며 한숨을 쉬었습니다.

"어휴, 진짜 못된 마녀라니까! 이렇게 모지라진 호미로 어떻게 밭을 매라는 거야?"

'모지라지다'는
'물건의 끝이 닳아서 없어지다'라는 뜻으로 쓰이는 재미있는 우리말입니다.

무룡태

남의 논을 빌려 농사를 짓는 소작인들이 모두 모였습니다.

"소작료를 올린다는데 그게 사실입니까?"

"지금도 수확의 3분의 2씩이나 소작료를 내는데 더 내라고 하면 우린 어떻게 삽니까?"

소작료는 남의 논을 빌려 농사를 짓는 대가로 내는 비용입니다. 농사를 지어 거두어들인 곡식으로 소작료로 내는 것입니다.

"절대로 안 됩니다! 결사반대!!"

소작인들은 1년 동안 열심히 일해서 겨우 3분의 1도 안 되는 곡식만 자기가 먹을 수 있을 뿐입니다. 이제는 그것마저도 더 내놔야 한다니 좀 억울하게 생겼습니다.

"자, 모두들 땅주인들이 물러설 때까지 힘을 합칩시다!!"

그렇게 소작인들은 마을 공터에 모여 소작료를 내려달라고 외쳤습니다.

"어? 근데 봉순 아버지가 안 보이네?"

며칠이 지나자 모여 있던 소작인들이 점점 빠져나가기 시작했습니다.

"알고 보니 그 무룡태같은 봉순 아버지가 지주의 꾐에 넘어갔구만!"

"땅주인이 자기 말을 듣지 않으면 아예 소작을 주지 않겠다고 했다는 거여!"

"봉순네는 자식이 여섯이나 되는데다가 늙은 어머니까지 모시고 있는 처지라 그나마 남의 땅이라도 농사를 못 지으면 먹고 살 일이 큰일 아닌가!"

다른 소작인들은 봉순 아버지의 입장을 이해하면서도 한편으로는 가슴이 답답하여 한숨만 쉬었습니다.

"어휴, 그렇다고 우리가 도와줄 입장도 아니니 답답하구만 그려…"

'무룡태'는
'능력은 없고 그저 착하기만 한 사람'을 가리키는 재미있는 우리말입니다.

무지렁이

옛날 어느 마을에 달수라는 청년이 살았습니다.

달수는 늙고 눈먼 어머니를 모시고 사는 착한 노총각이었습니다.

"달수 녀석이 효자이긴 한데, 어서 장가를 가야 할 텐데!"

마을 사람들은 착한 달수를 걱정해 주었습니다.

"네가 장가를 가야 내가 맘 편히 눈을 감을 텐데, 정말 걱정이구나!"

늙은 어머니도 그렇게 한탄을 했습니다.

어느 날 밤, 깜박 잠든 달수를 깨우는 소리가 들렸습니다.

"달수 도련님 계세요? 달수 도련님~!"

밖에서 누군가 자신을 부르는 것이었습니다. 달수가 놀라 내다보니 고운 옷을 입은 처녀가 서있었습니다.

"도련님, 하룻밤만 재워주세요. 부탁이에요…"

달수는 얼른 방을 내주고 자기는 어머니 방에서 잠을 잤습니다.

다음날 일어나 보니 그 처녀가 부엌에서 밥을 짓고 있었습니다. 달수를 보자 처녀가 수줍게 말했습니다.

"도련님, 저를 아내로 맞아주세요. 제가 집안을 일으키겠습니다."

그러자 달수는 펄쩍 뛰었습니다.

"저 같은 **무지렁이**한테 시집을 오시다니요? 말도 안 되는 말씀이세요. 그리고 저는 늙은 어머니도 모시고 살아야 되는 걸요…"

"아니에요, 도련님. 저는 도련님의 착한 심성과 지혜로움을 알고 있답니다. 저는 원래 하늘에 사는데 연못에 목욕하러 내려왔다가 길을 잃었어요… 이제는 하늘로 올라갈 수도 없답니다…"

그래서 마음씨 착한 달수는 천사를 아내로 맞아 집안을 일으키고 행복하게 살았다고 합니다.

'무지렁이'란
1.아무것도 모르는 어리석은 사람, 2.헐었거나 무지러져서 못쓰게 된 물건을 가리키는 우리말입니다. 여기서는 1의 뜻으로 쓰였습니다.

물렁팥죽

　차돌이와 어머니는 새로 이사한 집에서 필요한 물건들을 사러 시장에 나왔습니다. 시장의 먹자골목으로 들어서자 온갖 음식냄새들이 코를 찔렀습니다.
　때마침 점심시간이라 어머니는 차돌이에게 무엇을 먹을지 물어보았습니다.
　"떡볶이 먹을래요."
　"얘는, 떡볶이가 무슨 점심이 되니?"
　어머니는 주위를 둘러보시다가 허연 김을 피워 올리며 커다란 솥에서 끓고 있는 것을 가리키셨어요.
　"얘, 저거 먹자. 너도 팥죽 좋아하잖아?"
　"팥죽을 여름에도 먹나?"
　"집에서는 겨울에나 쑤어 먹지만 이런 데선 아무 때나 사먹을 수 있어. 여름에 먹는 팥죽은 별미야!"
　그리고 어머니는 팥죽 두 그릇을 시켰습니다. 그때 어디서 시끄러운 소리가 들려왔습니다.

"으이그~ 인간이 **물렁팥죽**이라 여기저기서 당하고 다니지!! 속상해!!"

"아, 그럼 어쩌라구? 당장 급하다니까 빌려 준거지, 떼먹힐 줄 알았나?"

건너편 국수집 아줌마와 남편이 무슨 일인가로 이렇게 언성을 높이고 있었습니다. 그 광경을 본 팥죽집 아줌마가 차돌 엄마를 보며 말했어요.

"저 집 아저씨가 워낙 사람이 착하고 마음이 약해서 남 좋은 일만 하는 사람이라우! 또 어디다 돈을 떼인 모양이제!? 쯔쯧…"

'물렁팥죽'이란
1.마음이 무르고 약한 사람을 비유적으로 이를 때, 2.물러서 뭉그러진 물건을 비유적으로 이를 때 쓰는 우리말입니다. 여기서는 1의 뜻으로 쓰였습니다. 사람들 중에서 특히 마음이 몹시 무르고 약하여 다른 사람의 부탁을 거절하지 못하고 잘 도와주는 사람, 또는 그런 성품 때문에 곤란을 겪곤 하는 사람을 빗대어 '물렁팥죽'이라고 한답니다.

뭇따래기

옛날, 어느 해인가 온 나라에 심한 가뭄이 들었습니다.

사람들은 농사도 짓지 못하고 먹을 물도 없어서 쩔쩔매고 있었습니다.

"이래서야 어떻게 살겠나?"

사람들은 살 수가 없어 하나둘 씩 집을 버리고 떠났습니다. 그리고 산 속으로 들어가 도적떼가 되었습니다.

"원래 순진한 농사꾼들이 도적이 되어버렸어. 정말 안됐어!"

마을에 남은 사람들은 그 사람들을 불쌍하다고 생각했습니다.

그러나 산으로 들어가 산적이 된 사람들은 산을 넘는 사람들의 짐과 재물을 빼앗아 살게 되어 사회문제가 되었습니다.

"사또나리, 울렁산에 사는 도적놈들 때문에 고개를 넘을 수가 없습니다요. 제발 그 놈들 좀 혼내주십시오!"

마을사람들은 고을 사또에게 이렇게 부탁했지만 사또의 힘으로도 쉬운 일은 아니었습니다.

"아이고, 간밤에 그 도적놈들이 우리 집에 들었네! 그나마 있던 양식과 돈궤짝을 들고 갔단 말이야!!"

마을에서 그마나 잘 사는 오 부잣집에 도둑이 들었던 것입니다.

"으흐~ 우리 집에도 들어왔었네! 가뭄은 언제 끝날지도 모르는데, 쌀자루를 고스란히 들고 갔다네!"

이제 마을사람들은 도적이 된 농사꾼들을 동정하지 않았습니다.

"에이, **뭇따래기**같은 놈들이로고! 이웃 고을에서 포졸 지원군이 오는 대로 오늘 당장 울렁산 속 도적떼를 모조리 잡아들여라!"

마침내, 보다 못한 고을 사또가 이렇게 명령을 내렸습니다.

'뭇따래기'란
1.자주 나타나서 남을 괴롭히거나 일을 훼방하는 무리 2.아무데도 쓸모없는 어중이떠중이들이라는 뜻의 우리말입니다.

미쁘다

"한 사나흘 걸리겠지, 그럼, 갔다 올 동안 잘 부탁하네!"

허 진사댁 식구들이 먼 친척집의 잔치에 참석하기 위해 길을 떠났습니다. 집에는 하인 두 사람과 부엌 어멈, 집안일을 책임진 집사 등 네 사람만 남았습니다.

"주인 양반이 안 계신다고 자네들이 할 일을 게을리 하면 안 되네!?"

주인이 없는 집안일을 책임질 임무를 맡은 집사가 말했습니다.

"걱정 말고 집사 양반 할 일이나 잘 하시우!"

하인 두 사람이 이렇게 대꾸했습니다. 그런데 다음날이 되자 두 하인들은 늦잠을 자고 게으름을 피우기 시작했습니다. 집사는 주인이 없다고 해서 태도가 달라진 하인들 때문에 안절부절 못했습니다.

"이보게들, 정말 이러긴가? 주인 양반이 우리를 **미쁘게** 여겨서 집안일을 모두 맡기고 가셨는데 이러면 안 되지 않겠는가?!"

그러자 그중 늙은 하인이 대답했습니다.

"어차피 보지도 않는 곳에서 열심히 일해 봤자 아니우? 오늘은 우리도 푹 쉬고 내일부터 일할 테니 걱정 마시우, 흥!"

그 말에 집사가 혀를 끌끌 찼습니다.

"한심한 사람이로구려? 하는 꼴을 보니, 당신이 왜 늙도록 평생 남의집살이나 하는지 이해가 되는 구료!? 남이 보든 안 보든 자기 할 일을 하는 것이 사람의 도리가 아니겠소?"

그제서야 늙은 하인은 머리를 긁적이며 자리에서 일어났습니다.

"허…참…듣고 보니 옳은 말씀이시네요… 제가 잠깐 생각을 잘 못했습니다. 죄송합니다…"

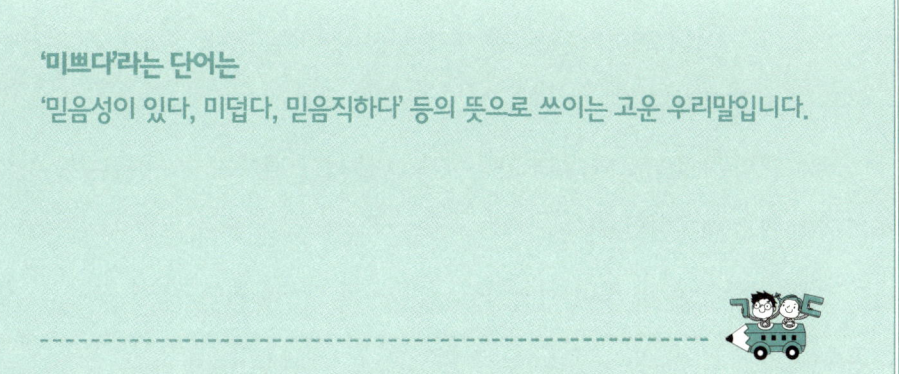

'미쁘다'라는 단어는
'믿음성이 있다, 미덥다, 믿음직하다' 등의 뜻으로 쓰이는 고운 우리말입니다.

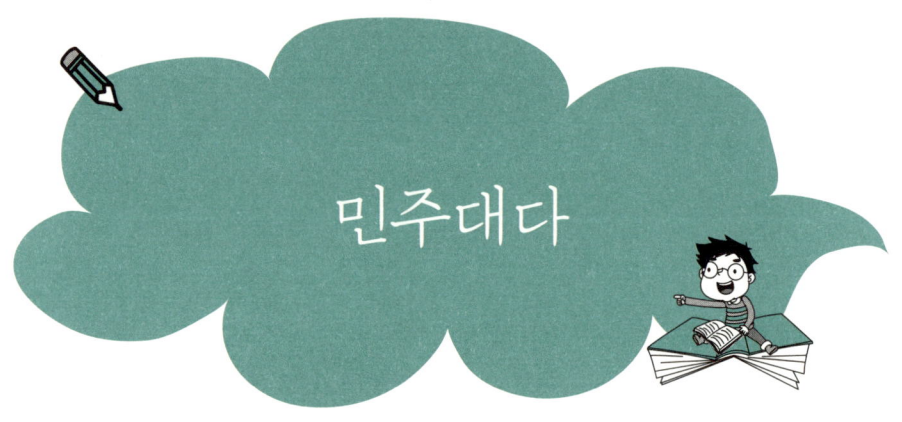

민주대다

찬희는 어머니와 함께 유치원 친구인 가영이네 집에 갔습니다.

"어서 와요, 찬희 엄마! 정말 반가워요!"

"이게 몇 년 만이에요? 2~3년 됐나요?… 어머, 네가 가영이구나? 아주 숙녀가 다 됐네?"

찬희 어머니는 가영이 어머니와 반갑게 인사를 나누셨습니다.

"가영아, 안녕…잘 있었어?"

찬희가 어색하게 인사말을 건네자 가영이도 수줍게 대답했습니다. 그러는 사이에 두 아이의 어머니들은 옛 생각을 하며 이야기꽃을 피우느라 시간이 가는 줄도 몰랐습니다.

"호호호! 맞아요, 그때 우리 가영이가 그네 타다 떨어져서 막 우는 걸 찬희가 부축해서 데려왔었죠!"

"둘이 아주 친하게 지내더니 이젠 좀 컸다고 어색해하는 것 좀 보세요, 호호호!"

찬희는 잠깐만 들렀다가 가자는 말에 어머니를 따라왔다가 무척 지루한 시간이 되고 있었습니다.

"엄마, 벌써 4시가 넘었어요…"

어머니가 일어나시길 기다리다 지친 찬희가 이렇게 속삭였습니다. 그러나 어머니는 조금만 더 기다리라는 눈짓만 해보일 뿐이었습니다.

잠시 후, 찬희가 또 어머니의 옆구리를 찔렀습니다.

"엄마… 엄마~!"

그때, 찬희 어머니는 화를 벌컥 내며 말씀하셨습니다.

"아니, 얘가 왜 이렇게 **민주대는** 거야? 엄마도 오랜만에 친구랑 얘기 좀 하면 안 되니? 너도 가영이랑 놀면 되잖아?!"

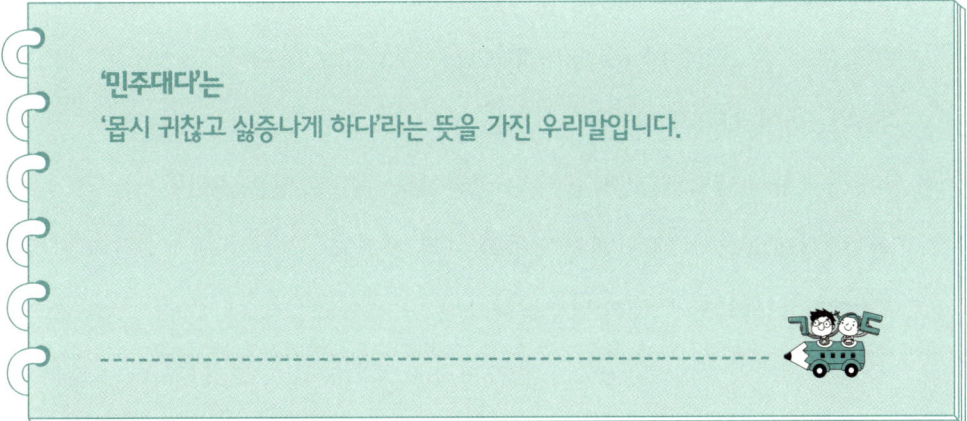

'민주대다'는
'몹시 귀찮고 싫증나게 하다'라는 뜻을 가진 우리말입니다.

밑두리콧두리

"이건 너와 나하고의 비밀이다, 알았니?"

아버지가 현준이에게 이렇게 속삭일 때, 방문을 열어보던 어머니는 깜짝 놀라 물으셨습니다.

"어머, 두 사람이 여기서 뭐하는 거예요? 나만 쏙 빼놓고?"

두 사람은 당황했지만 얼른 얼버무렸습니다.

"아니야, 무슨 소리야? 현준이 공부 좀 봐준 건데…어험!"

그러나 어머니는 계속 두 사람이 수상쩍었습니다.

"이상해… 뭔가 있는데, 그게 뭐지!?"

다음날, 어머니는 학교에서 돌아오는 현준이를 붙잡고 캐물으셨습니다.

"너, 솔직하게 대답해! 아빠랑 무슨 꿍꿍이를 꾸미고 있는 거야?"

"아, 아니에요, 낼모레 어벤저스 영화 보러 가자고…."

이번에는 현준이도 무사히 넘겼습니다.

어느덧, 저녁이 되어 퇴근하시는 아버지가 초인종을 누르셨습니다. 그와 동시에 현준이는 약속대로 집안의 불을 껐습니다.

"어머나! 정전인가 보다, 현준아! 양초가 어디 있더라…?"

놀란 어머니가 소리칠 때 갑자기 현관문이 열리며 한 손에는 케이크, 다른 손에는 장미 꽃다발을 안은 아버지가 들어오셨습니다.

때에 맞춰 현준이는 폭죽을 마구 터뜨렸습니다.

"아야~호!! 엄마, 생신 축하드려요!"

갑작스런 상황에 어머니는 놀라면서도 무척 기뻐하셨습니다.

"난 이런 일 꾸미는 줄도 모르고 현준이만 붙잡고 **밑두리콧두리** 캐물었잖아요? 당신도, 현준이 너도, 어쩜 그렇게 시치미를 뗄 수가 있니?"

'밑두리콧두리'란
'확실히 알기 위해 자세히 자꾸 캐어묻는 근본'이라는 뜻의 재미있는 우리말입니다.

바늘방석

심술쟁이 사또가 있었습니다. 그 사또는 가난한 백성들을 도와주기는커녕 말도 안 되는 내기를 해서 가진 것을 빼앗곤 했습니다.

"우리, 같이 꾀를 내어 사또를 골려줄까요?!"

이웃 고을의 지혜로운 선비가 나섰습니다. 그리고 고을사람들과 일을 꾸몄습니다.

다음날 선비는 고을 입구에 방을 붙였습니다.

〈나는 죽을병에 걸렸습니다. 죽기 전에 마음이 어질고 착한 사람을 요술항아리로 가려내어 전 재산을 넘겨줄 생각입니다. 이 요술항아리는 정직하고 착한 사람이 손을 넣으면 금은보화를 잡겠지만 그렇지 못한 사람이 손을 넣으면 꿀꺽, 잘라먹는 요술을 부립니다. 그래도 도전해볼 사람은 누구든 내일 관아 마당으로 모이시오.〉

다음날, 많은 사람들이 몰려들었습니다. 그 중에는 심술쟁이 사또도 자신만만하게 끼여 있었습니다.

"저 흔하게 생긴 항아리가 손을 잘라먹는다고? 누굴 바보로 아는구만."

마침내 한 사람이 한쪽 손을 항아리 속에 집어넣었습니다. 그런데 갑자기 비명을 지르며 꺼내든 손목에서 피가 흘렀습니다.

"으아~~! 정말로 손목이 잘리나봐, 재물은 탐나지만 두려워…"

다음 사람, 그 다음 사람도 마찬가지였습니다. 그 광경을 보며 순서를 기다리던 사또는 점점 초조해지기 시작했습니다. 그렇다고 욕심쟁이에다 사또 체면에 자리를 박차고 도망을 칠 수도 없었습니다.

"아, 이러지도 저러지도 못하고 완전히 바늘방석이로구나!"

사또는 식은땀을 흘리며 부들부들 떨다가 자기 차례가 되자 그 자리에서 기절하고 말았답니다.

'바늘방석'이란
'앉아 있기에 아주 불안스러운 자리를 비유적으로 이르는' 재치 있는 우리말입니다.

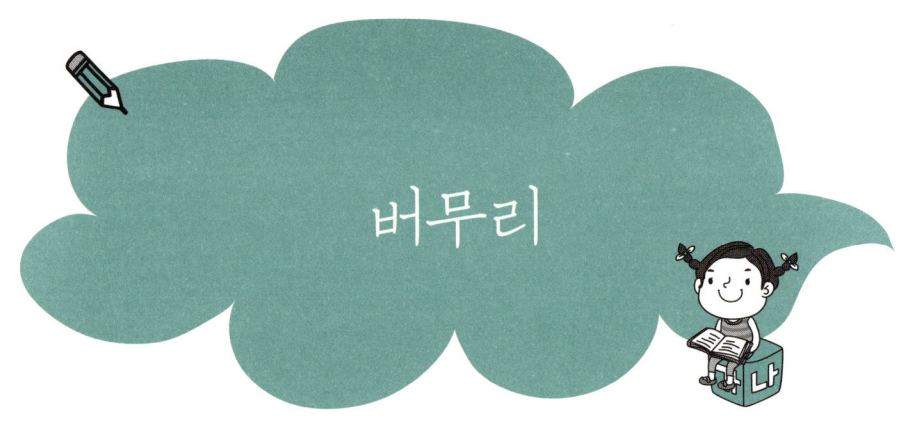

버무리

"뭘 만드느라고 이렇게 오래 걸리는 거야?"

"요리박사 맞아? 뭐든지 척척 만든다며?"

유정이는 오늘 맛있는 음식을 만들어 주겠다며 아이들을 집으로 데려왔습니다.

"야, 뻔해, 떡볶이나 해 오겠지, 뭐!"

기다리다 못한 수정이가 살금살금 주방으로 가보았습니다.

"아, 깜짝이야! 기다리라는데 왜 오는 거야??"

열심히 무언가를 만들고 있던 유정이가 놀라며 말했습니다.

"이게… 과일샐러드도 아니고, 이게 뭐니?"

"이게 바로 **버무리**라고 하는 거다! 과일과 야채를 적당히 넣고 샐러드소스, 케첩, 땅콩가루, 잣, 인절미, 팥가루, 초코시럽… 등등을 넣고 긴 젓가락으로 이렇게 섞어주는 거야. 어때? 맛있겠지? 얼마 전에 책에서 배웠거든!"

그때, 유정이 어머니가 주방으로 들어오셨어요.

"네가 무슨 **버무리**를 만들었다구?? 호호, 모양은 그런 거 같은데 맛은 어떨지 궁금하구나?!"

수정이가 유정이 어머니께 여쭈었습니다.

"아줌마, 이게 진짜 버무리 맞아요??"

"글세, 뭐 어떤 것이든 서로 어울리도록 섞어주면 그게 버무리는 거니까… 시골에선 쑥버무리라는 걸 해먹기도 한단다. 그러고 보니 우리 유정이가 만든 건 새로운 **버무리**로구나?!"

'버무리'란
'여러 가지를 한데 뒤섞어서 만든 음식'을 가리키는 우리말입니다. '버무리다-여러 가지를 골고루 한데 뒤섞다'라는 말에서 나왔습니다. 예를 들어, 쑥버무리라는 음식은 쌀가루와 쑥을 한데 버무려서 시루에 찐 떡을 가리킵니다.

베돌다/배돌다

"저리 가!"

"우린 너랑 같이 안 놀 거야!"

같은 반 아이들이 미순이를 따돌리고 같이 놀아주지 않았습니다.

"너 보육원에서 살지? 너는 엄마 아빠 안 계신다며?"

"맞아, 우리 엄마가 그런 애들이랑 놀지 말랬어!"

미순이는 참기 힘들었는지 울먹이며 뒤돌아 뛰어갔습니다. 다음날도 미순이는 하루 종일 시무룩한 표정이었습니다. 체육시간이 되었습니다.

"자, 두 명씩 짝을 지어 서보세요! 이인삼각 경기를 할 거니까!"

"야, 신난다!!"

아이들은 선생님의 말씀이 끝나기 무섭게 좋아하는 친구들끼리 두 명씩 짝을 맞추어 섰습니다.

"어? 거기 혼자 서있는 사람, 누구지? 미순이 아니니? 짝을 찾아 서라니까 왜 혼자 **배돌고** 있니?"

미순이는 아무 말도 못하고 그냥 고개를 숙인 채 서있었습니다.

며칠 후, 미순이 담임선생님은 미순이가 사는 보육원에 찾아갔습니다. 그리고 원장님을 만나셨습니다.

"미순이가 무척 내성적이던데, 여기서도 말없고 혼자 **배도는** 편인가요?"

선생님의 질문에 원장님이 이렇게 대답하셨습니다.

"아니에요, 여기선 얼마나 언니 노릇을 잘 한다구요? 어린 동생들도 잘 보살피고 그러는데… 아마 학교에서 아이들이 고아라고 따돌린다는 것 같은데… 선생님께서 신경 좀 써주세요!"

'베돌다/배돌다'는
1.한데 어울리지 아니하고 동떨어져 행동하다, 2.가까이 가지 아니하고 피하여 딴 데로 돌다, 3.탐탁하지 않아 가까이하기를 꺼려하다,의 뜻을 가진 우리말입니다. 여기서는 1과2의 뜻으로 사용됩니다.

별늬

"야~~~~호!!"

용식이네 가족은 오늘 오봉산에 올랐습니다.

"꼭대기에 오르니까 공기가 무척 좋지?!"

"네! 올라올 때는 힘들었지만 오길 잘했다고 생각돼요. 히히…"

용식이는 처음으로 아버지를 따라 산에 올랐습니다.

"아유, 난 너무 힘들어요! 왜 이런 델 오는지 모르겠어요!"

몸이 뚱뚱한 어머니는 숨을 몰아쉬며 이렇게 말씀하셨어요.

"기분도 좋아지고 몸도 튼튼해지니까 오르는 거지!"

아버지가 기지개를 켜듯 양팔을 머리위로 쭉 뻗으며 말씀하셨어요.

잠시 산 정상에서 바람을 쐬는데 빗방울이 후두둑 떨어지기 시작했어요. 모두들 우왕좌왕하는 사이에 갑자기 쏟아지는 빗줄기에 세 사람은 흠뻑 젖게 생겼습니다.

"안 되겠다, 저기 산장으로 들어가 비가 그칠 때까지 기다려보자!"

잠시 후, 산장 창문으로 밖을 내다보던 아버지가 말씀하셨어요.

"저것 좀 봐라! 소나기 그친 뒤에 비치는 **볕뉘**가 아주 좋구나!"

아버지의 말씀에 따라 밖으로 나온 용식은 고개를 갸웃거렸습니다.

"아빠, **볕뉘**라고 하셨어요? 볕뉘가 뭐에요?"

"으응, 저렇게 밀려가는 소나기구름의 작은 틈새나 나뭇가지로 그늘진 곳에 미치는 조그마한 햇볕을 두고 하는 말이란다."

아버지는 밀려가는 소나기 구름사이로 쨍하게 비치는 햇살을 가리키며 대답하셨습니다.

'볕뉘'란
1.작은 틈을 통하여 잠시 비치는 햇볕 2.그늘진 곳에 미치는 조그마한 햇볕의 기운 3.다른 사람으로부터 받는 보살핌이나 보호를 뜻하는 고운 우리말입니다.

별쭝나다

송이가 소년을 처음 본 것은 집 근처 시장 입구였습니다.

"삼거리 삼계탕! 영양탕! 드시러 오세요!"

소년은 삐에로 복장을 하고 큰 북을 치면서 음식점 홍보를 하고 있었습니다. 그 옆에는 수탉 모양의 인형탈을 뒤집어 쓴 사람이 광고지를 나누어주고 있었습니다. 사람들은 한 번씩 소년을 쳐다보고는 재미있어 하는 얼굴로 지나갔습니다.

"저 아이가 그 옆에 수탉인형 탈 쓴 사람의 아들이란다!"

그 광경을 본 어머니가 송이에게 속삭였습니다.

"그런데 쟤는 왜 저런 일을 하는 거예요?"

"글세, 누가 시키지도 않는데도 제가 하겠다고 아버지를 쫓아 나선다는 구나! 기특하지?"

그러자 곁을 지나던 할머니 한 분이 한마디 하셨습니다.

"기특하기는? 어린애가 신나게 뛰놀고 공부할 나이에 저게 무슨 **별쭝난** 짓

이야?!"

할머니는 소년의 광대 같은 차림새와 행동이 마음에 들지 않으셨나 봅니다.

"하긴, 우리 송이하고 나이도 비슷해 보이는데 공부는 언제 할까? 좀 안쓰럽구나…"

왠지 그 후로 며칠 동안 송이 머리속에는 소년의 모습이 자꾸 떠오르곤 했습니다. 그런데 얼마 후 송이는 놀라운 소식을 듣게 되었습니다.

"그 시장입구에서 삐에로 복장을 하고 유별난 일을 하던 아이가 사고로 불행한 일을 당했다는 구나! 쯔쯧…"

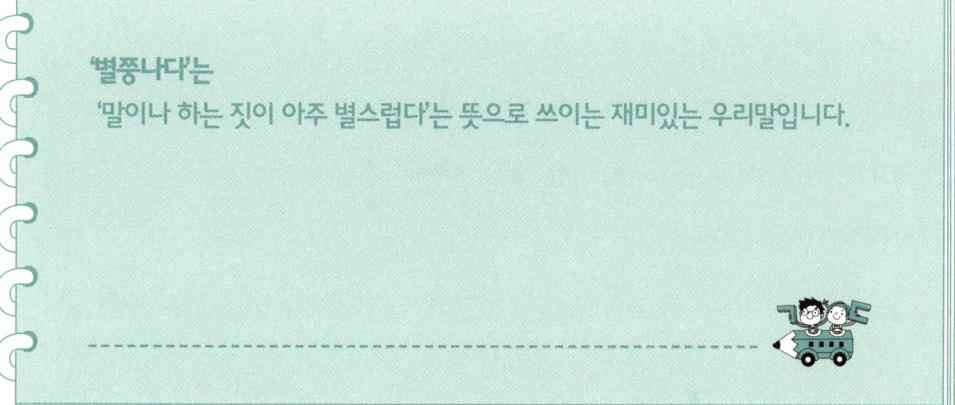

'별쭝나다'는
'말이나 하는 짓이 아주 별스럽다'는 뜻으로 쓰이는 재미있는 우리말입니다.

보금자리

"자, 오늘부터 이곳이 우리 가족의 새 **보금자리**다! 마음에 드니, 얘들아?"

"우와~ 우리 집, 정말 좋아요! 저 2층 오른쪽, 작은 창이 난 곳이 제 방 맞죠?"

진주네 가족은 오늘 헤이리에 있는 예쁜 집으로 이사를 했습니다. 엄마아빠와 함께 도착한 새 집 앞에서 모두들 기뻐 어쩔 줄 몰랐습니다.

"아 신나! 드디어 내 방이 생겼다~ 야호!"

"이젠 둘이 싸우는 것도 끝이구나. 내 속이 다 시원하다!"

즐거워하는 두 딸을 보며 어머니가 말했습니다.

"어서 각자 방으로 들어가서 짐정리를 하자꾸나!"

오후 무렵, 이삿짐트럭이 짐을 모두 부리고 떠나자 가족들은 각자의 짐을 정리하기 시작했습니다.

다음날 오후, 진주와 영주는 주위 풀숲을 거닐었습니다. 집 뒤쪽 야트막한 산길을 오르니 키 큰 나무들이 들어선 작은 숲도 발견했습니다. 어디서부턴가 아름다운 새소리가 숲 가운데로 울려 퍼졌습니다.

"새들도 많이 사나보다! 파랑새일까 꾀꼬리일까~?"

진주가 새소리를 눈으로 좇으며 키 큰 나무들을 올려다보았습니다. 그때 햇빛에 반짝이는 나뭇잎들 사이로 무언가를 발견한 영주가 이렇게 중얼거렸어요.

"아…저 나무 꼭대기에 새들의 보금자리가 있네~! 어쩌면 우리처럼 새로 이사한 집에서 어미 새가 알을 낳았을지도 몰라!"

그러자 진주가 손뼉을 치며 팔짝팔짝 뛰었어요.

"맞다! 새들이 알 낳고 사는 둥지를 보금자리라고 하지?!"

'보금자리'는
1.지내기에 매우 포근하고 아늑한 곳을 비유적으로 이르거나, 2.새가 알을 낳거나 깃들이는 곳을 가리키는 고운 우리말입니다.
앞의 보금자리는 1의 뜻, 뒤의 보금자리는 2의 뜻으로 쓰였습니다.

복닥거리다

5일장이 열리는 날입니다.

동네사람들은 저마다 농사지은 채소나 송아지, 닭 등을 가지고 아침 일찍 장에 갑니다.

"순네네는 뭘 팔러 가는 거요?"

호동이 아버지가 어린 송아지를 몰고 장에 가다가 순네 엄마를 보고 물었습니다.

"텃밭에서 얻은 배추 몇 단이랑 닭 두어 마리요…"

이렇게 사람들은 장날 필요한 것을 사오거나 내다 팝니다. 그리고 장터에는 약장수들도 모여듭니다. 먼저 차력사의 힘자랑이 시작되면 사람들이 구름처럼 몰려듭니다.

"으랏차차! 이-얍!"

맨손의 차력사가 두꺼운 쇳조각을 반으로 잘랐습니다. 아이들은 기절할 듯이 박수를 치며 좋아합니다. 어른들도 그런 구경은 신기하고 즐거운 일입니다.

"자~자, 복통, 설사, 소화불량, 관절염에도 좋은 만병통치약이요!"

약장수에 정신이 팔린 사이 물건 판돈을 잃어버리는 사람도 있습니다.

"앗! 내 돈~! 도둑이야!!"

구경꾼들 속에 서있던 호동 아버지가 갑작스럽게 소리를 쳤습니다. 정성 들여 기른 어린 송아지 판돈을 한순간에 몽땅 잃어버린 것입니다.

"아이고! 이렇게 **복닥거리는** 장바닥에서 돈을 잘 간수해야지! 약장수한테 홀딱 빠져서 넋을 놓고 있으면 어떡해요?!"

옆에서 약장수에게 빠져있던 순네 엄마도 놀라서 핀잔을 주며 자기 주머니를 확인했습니다.

'복닥거리다'는
'많은 사람이 좁은 곳에 모여 수선스럽게 뒤끓다'라는 뜻의 재미있는 우리말입니다.

볼물다

"엄마! 지난번에 시험 잘 보면 게임기 하나 사주신다고 하고선 왜 약속을 안 지키세요!"

어느 날, 학교에 가기 전 아침밥을 먹던 우혁이가 잔뜩 심통이 나서 이렇게 말했어요.

"누가 게임기 사준댔니, 네가 필요한 거 사준댔지! 이미 게임기는 수십 개나 있잖아? 난 게임기 말고 네게 정말 필요한 걸 사줄 생각이야!"

어머니는 느긋하게 대꾸했어요.

"그게 저한테 필요한 거라니까요?!! 어휴, 엄마는 너무나 말이 안 통해~!"

우혁이는 먹던 수저를 놓고 거칠게 일어서며 툴툴거렸어요.

"이 녀석아, 밥은 다 먹고 가야지! 먹을 게 없어서 굶기를 밥 먹듯이 하는 아이들도 있단다…"

아버지가 타일렀지만 우혁이는 작정한 듯 더욱 떼를 쓰기 시작했어요.

"아 싫어요! 게임기 사줘요!! 안 그러면 이젠 공부 열심히 안 할 거예요!!"

"누굴 위해서 공부하니? 왜 아침부터 뭐가 그리 못마땅하고 골이 나서 야단일까!!"

어머니는 기가 막힌 듯 고개를 젓자, 아버지가 다시 말씀하셨어요.

"이 녀석아, 저기 아프리카에서는 네 나이 아이들이 돈이 없어서 학교에도 못가고 밥도 마음대로 못 먹고 있다는 소리 들었지? 너는 아쉬울 것 없이 먹고 입고 학교도 다니는데다, 게임기가 없는 것도 아니고 몇 개씩이나 있으면서 자꾸 더 사달라는 건 낭비야! 네가 아무리 그렇게 볼물어도 엄마아빠는 들어줄 수가 없어. 그 대신, 그 돈을 가난한 아프리카 아이들에게 후원금으로 보내는 건 어떻겠냐? 그게 더 보람 있는 일일 것 같은데?!"

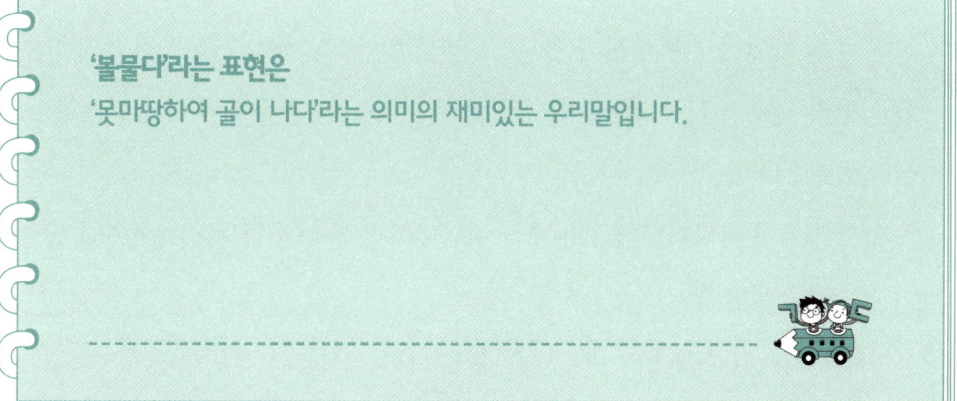

'볼물다'라는 표현은
'못마땅하여 골이 나다'라는 의미의 재미있는 우리말입니다.

부엉이셈

옛날 어느 장사꾼이 있었습니다. 그 사람은 나귀 등에 짐을 싣고 먼 곳으로 다니며 여러 가지 물건을 팔았습니다.

"올해엔 소금이 귀하니까 소금 장사를 다녀야겠다!"

개울가에 이르러, 지친 나귀가 개울을 건너다 물속에서 그만 넘어지고 말았습니다. 다음 순간, 비틀거리며 일어서던 나귀는 깜짝 놀랐습니다. 무겁던 소금이 개울물에 닿아 녹아버려 짐이 가뿐해진 것입니다.

"어이쿠! 이런 멍청이 나귀같으니라구! 소금장사 다 망했네!"

그 후로 나귀는 가뿐하게 길을 갔습니다. 얼마 후, 장사꾼은 옷감과 이불솜을 팔러 다니기 시작했습니다. 한참을 가던 나귀는 조금씩 힘이 들자 이런 생각을 했습니다.

'어서 개울이 나타나면 좋겠는데… 지난번처럼 물속에 일부러 넘어지면 짐이 더 가벼워질텐데…'

마침내 기다리던 개울이 나타났습니다. 나귀는 서둘러 개울물로 뛰어들었습니다.

"어이쿠! 신난다!"

그러나, 다시금 물속에서 몸을 일으키던 나귀는 그 자리에 주저앉고 말았습니다. 소금과 달리 옷감과 이불솜은 물을 잔뜩 흡수하여 처음보다 훨씬 무거워져버린 것입니다. 등짐이 무거워 어쩔 줄 모르는 나귀에게 장사꾼이 한 마디 했습니다.

"멍청한 나귀 녀석 같으니라구! 부엉이셈밖에 안 되니까 제 꾀에 제가 넘어가는 거야!"

'부엉이셈'이란
'어리석어서 이익과 손해를 잘 분별하지 못하는 셈을 비유적으로 뜻하는' 재미있는 우리말입니다. (부엉이가 수를 셀 때에는 반드시 짝으로 세는데, 그렇게 되면 하나가 없어지는 것은 알아도 짝으로 없어지는 것은 모른다하여 생긴 말입니다.)

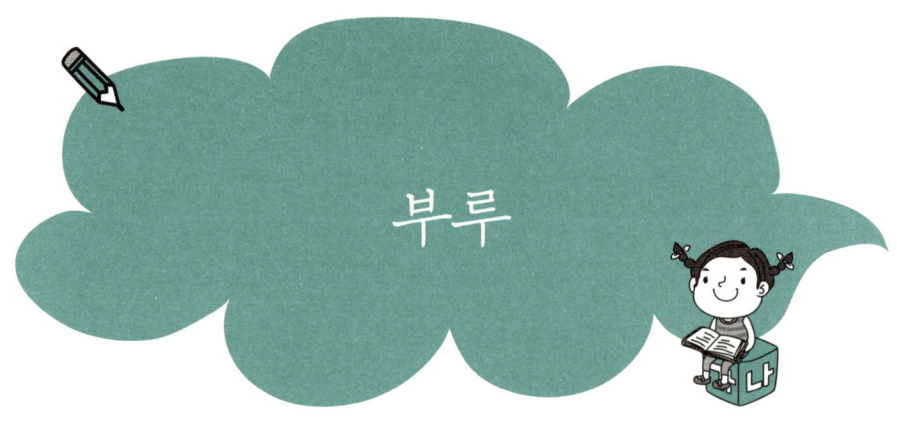

부루

옛날 어느 마을에 찢어지게 가난한 가족이 있었습니다.

다섯이나 되는 아이들의 아버지는 산에서 나무를 하다가 사나운 호랑이에 물려 죽었습니다.

"엄마, 우리는 언제 하얀 쌀밥을 먹을 수 있나요?"

"모두들 들에 나가서 먹을 수 있는 나물을 캐오너라."

어머니는 자식들에게 이렇게 말하고 나무를 팔러 갔습니다.

"어머니도 참, 아침에도 죽도 못 먹어서 기운이 없는데 어떻게 나물을 캐오라는 거야?"

아이들은 이렇게 투덜거렸습니다. 그러나 그중 큰언니가 동생들을 달래었습니다.

"조금만 참고 지내면 곧 여름이 되잖아? 그때가 되면 먹을 것이 많아질 테니까 그때까지만 참자, 응?"

이렇게 하여 큰언니와 동생들은 이제 막 싹이 돋아나고 있는 들판을 헤매며 두어 바구니의 나물을 캐올 수 있었습니다.

"배도 고플 텐데, 다들 수고했구나? 어서 죽을 끓여먹자꾸나."

나무를 팔아 쌀을 조금 구해오신 어머니가 이렇게 말씀하셨습니다. 어머니가 부엌에서 가마솥에 물과 쌀을 넣었습니다. 그것을 본 큰딸이 걱정스러운 듯 말했습니다.

"어머니, 쌀을 그렇게 많이 넣으시면 어떡해요? 오늘 구해오신 쌀로 우리 여섯 명이 열흘 동안은 **부루** 먹어야 하잖아요? 쌀은 더 조금 넣고 물을 많이 넣으셔야 할 것 같은데…"

어머니는 가족들의 끼니를 걱정하는 어린 딸아이가 가여워 눈물을 지으셨습니다.

'부루'는
'한꺼번에 없애지 아니하고 오래가도록 늘여서'라는 뜻을 가진 고운 우리말입니다.

붓방아

"에헴! 오늘은 시조를 한편씩 지어야 할 것이야! 그것으로 중간평가를 하겠다."

훈장님께서 말씀하셨습니다.

"소재가 무엇입니까?"

"으~난 시조가 제일 싫은데…!"

"동창이 밝았느냐~ 이런 거 말씀이죠?"

서당의 학동들은 놀라서 이렇게 웅성거렸습니다.

"쓸데없는 소리 말고 엊그제 배운 대로 운율을 살려 시조 한 편씩 지어라. 그리고 검사를 받아야 집에 갈 수 있다!!"

학동들은 아무 말도 못하고 시조를 짓기 시작했습니다.

어느새, 한 명씩 두 명씩 시조를 완성해 훈장님께 검사를 받고 집으로 돌아갔습니다. 그런데 만득이는 아직도 글자를 썼다 지웠다 하며 앉아만 있었습니다.

'아 이거, 대체 어떻게 써야할지 알 수가 없잖아!'

그때 훈장님이 만득이에게 다가갔습니다.

"만득이 이놈아! 뭘 얼마나 대단한 시조를 짓겠다고 하루 종일 **붓방아**만 찧고 앉았느냐?"

그러자 만득이가 되물었습니다.

"스승님, 저는 시조보다는 그림에 소질이 있는데 스승님의 초상화를 한 장 그려드리면 안 될까요?"

'붓방아'란
'글을 쓸 때 미처 생각이 잘 나지 않아 붓을 대었다 떼었다하며 붓을 놀리는 짓'을 가리키는 우리말입니다. '붓방아 찧는다'라는 표현은 '쓰려는 글의 내용이 잘 떠오르지 않아 붓만 놀리며 망설이고 고심 한다'는 뜻입니다.

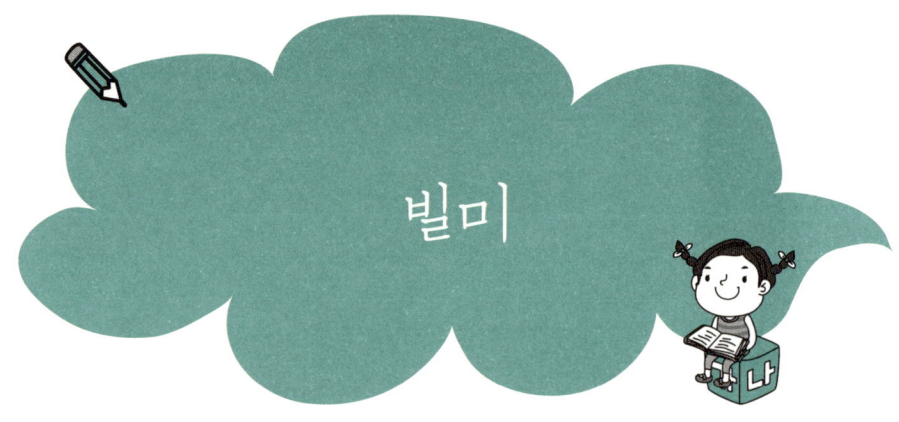

빌미

　어머니를 따라 시장에 간 민영이가 분식집에서 떡볶이를 먹고 있을 때였어요. 바로 옆 순대국집 출입문이 갑자기 거칠게 열리며 허름한 차림의 한 남자가 경찰관에게 이끌려 밖으로 나왔어요.

　"글세, 좀 놓고 말씀하세요! 무슨 **빌미**를 잡았는지 모르지만 저 그렇게 나쁜 사람 아닙니다!"

　남자가 억울함을 이야기하자 경찰관은 이렇게 되물었어요.

　"빌미? 좋아, 자네 지갑 속의 그 두둑한 현금다발은 뭔가? 어디서 난거야? 어디 은행이라도 털었나?"

　"뭐라고요? 그건 은행 적금을 찾은 겁니다. 당장 쓸데가 있어서요…누가 남의 지갑을 엿보고 엉뚱한 신고를 했지? 억울해요!"

　남자를 태운 경찰차가 떠나자 국밥집 주인이 밖으로 나와 몰려든 사람들에게 당당하게 말했어요.

　"국밥을 시켜먹으면서 자기 지갑을 열어서 돈을 세는데…5만 원짜리가 한다발이지 뭐요? 어디 남의 금고를 슬쩍한 게 틀림없어요…"

그 소리를 들은 분식집 주인이 기가 막힌 듯 되물었어요.

"그래서 손님을 신고하셨구만? 어쩜 정말 자기 돈인지도 모르잖아요? 너무 경솔한 거 아닌가요?"

"틀림없어요, 그 남자 머리부터 발끝까지 살펴봐요, 어디 그런 큰돈을 만질 사람인가! 내 짐작이 틀림없어…누구 집을 털었을 거야…흥…"

그들의 대화를 듣게 된 민영이가 어머니께 물었어요.

"엄마, 정말로 그 아저씨가 어디서 돈을 훔쳤을까요?"

"글쎄다…사람을 겉모습으로 판단하면 안 되는 건데…어쨌거나 너무 큰돈을 가지고 다니는 건 안 좋은 일의 원인이 될 수도 있으니 조심해야겠지?"

'빌미'라는 단어는
'재앙이나 탈 따위가 생기는 원인'을 뜻하는 우리말입니다. 즉, '안 좋은 일의 원인'이라는 뜻으로 쓰입니다.

사리다

상호의 막내 삼촌은 대학생입니다. 얼마 전 농촌봉사활동을 갔다 온 삼촌이 상호네 집에 왔습니다.

"삼촌, 왜 이렇게 새까맣게 탔어요?"

상호는 몰라보게 그을린 삼촌을 보고 깜짝 놀랐습니다.

"요즘이 한창 모내기철이라 논에서 모내기도 하고 다른 일도 하느라고 하루 종일 햇볕 아래서 살았거든."

"왜 남의 일을 해주는 거예요?"

상호는 삼촌이 왜 남의 농사일을 해주는 지 궁금했습니다.

"농촌 젊은이들은 모두 도시로 나갔기 때문에 농사일은 남아 있는 노인 분들이 다 해야 되는데, 바쁜 여름 한철이라도 우리 같은 젊은이들이 가서 도와드리는 거지."

"힘들지 않았어요? 맨날 도서관에서 공부만 하다가 어떻게 갑자기 농사일을 할 수가 있지??"

삼촌은 상호의 머리를 쓰다듬으며 말씀하셨습니다.

"처음엔 정말로 힘들지. 더러는 꾀를 부리고 쉬운 일만 하려고 요령을 피우는 사람도 있지만, 대부분은 몸을 사리지 않고 아주 열심히 일한단다. 농촌을 지키며 농사지으시는 분들이 없으면 도시에 사는 우리들이 편하게 쌀을 먹을 수도 없을 테니까 말이야!"

상호는 삼촌이 자랑스러웠습니다. 그리고 자신도 대학생이 되면 삼촌처럼 몸을 아끼지 않고 누군가를 돕는 일을 하겠다고 다짐했습니다.

'사리다'는
1.국수, 새끼, 실 따위를 동그랗게 포개어 감다, 2.뱀 따위가 몸을 똬리처럼 동그랗게 감다, 3.짐승이 겁을 먹고 꼬리를 다리 사이에 구부려 끼다, 4.어떤 일에 적극적으로 나서지 않고 살살 피하며 몸을 아낀다,의 뜻으로 쓰이는 우리말입니다. 여기서는 4의 뜻으로 쓰였습니다.

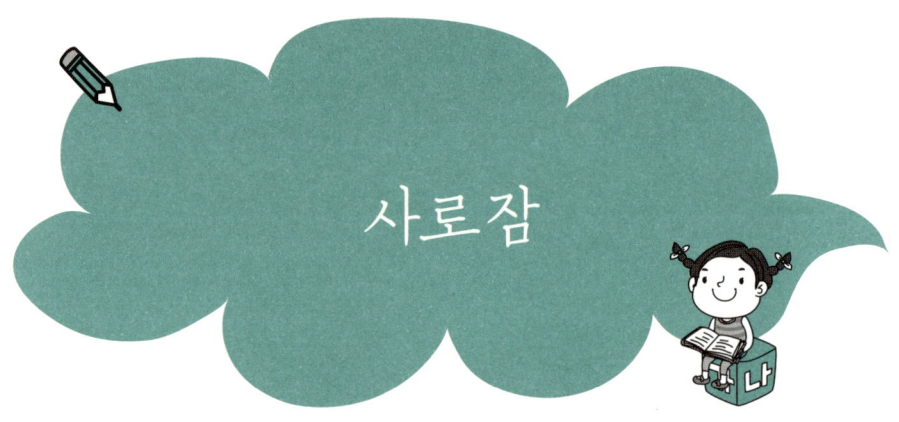

사로잠

"응애! 응애~!"

은미의 동생이 태어났습니다.

"이제 나도 언니가 된 거야?"

은미는 부모님께 몇 번을 확인해도 신기한 생각이 들었습니다.

한 번은 어른들이 잠깐 한눈을 파는 사이에 아기의 볼을 살짝 꼬집어보았습니다.

"으~앙!~"

그렇지만 아기가 울음을 터뜨리는 바람에 크게 혼이 나기도 했습니다.

"안 되겠어. 은미 쟤를 아기 근처에 오지 못하게 해!"

그래서 은미는 귀여운 동생을 잘 볼 수 없게 되었습니다.

며칠 후, 은미 어머니가 부석부석한 얼굴로 이렇게 말씀하셨습니다.

"아이 피곤해! 아기 때문에 **사로잠**을 자는지 아무리 많이 자도 잔 것 같지가 않네!"

은미는 어머니의 말에 고개를 갸웃하며 이렇게 여쭈었어요.

"엄마, 사로잠이 뭐예요? 왜 아기 때문에 사로잠을 자는 거예요?"

그러자 어머니가 은미 볼을 살짝 꼬집으며 대답하셨습니다.

"아기가 밤새 몸이 좀 아픈 것 같아서 지켜보느라 잠을 제대로 못 잤지. 아기는 아파도 너무 어리니까 말을 못하잖아? 그러니까 옆에서 잘 살펴야 한단다! 너도 샘내지 말고 잘 돌보아야 해, 사랑스런 동생이잖아?!"

그제서야 은미는 동생이 너무 어리기 때문에 부모님이 보살펴 주어야한다는 것을 다시 한 번 깨달았습니다.

'사로잠'이란
'염려가 되어 마음을 놓지 못하고 조바심하며 자는 잠'을 뜻하는 아름다운 우리말입니다. 부모님들은 자녀들을 키우는 동안 한시도 편안하게 주무시지 못합니다.

사슬돈

옛날 어느 마을에 지독한 구두쇠 영감이 살았습니다.

영감은 열심히 장사를 해서 돈을 많이 모았습니다. 그렇지만 가족들은 늘 풍족하지 않았습니다. 그래서 아버지인 구두쇠 영감에게 불만이 많았습니다.

어느 날, 가족들은 아버지가 숨겨놓은 돈을 찾으려고 집안을 뒤져보았어요. 하지만 찾아낸 것은 겨우 엽전 몇 닢뿐이었어요. 마침내, 해가 저물어 아버지가 집으로 돌아오시자, 하루 종일 헛수고를 한 큰아들이 볼멘소리로 여쭈었어요.

"아버지, 도대체 그 많은 돈은 다 어디에 숨기신 거예요?"

"내가 힘들여 벌고 아껴 모아 둔 돈을 왜 네가 찾는 거냐??"

그리고는 땀을 닦으며 잠시 생각하던 구두쇠는 가족들을 밖으로 불러냈어요.

"자, 여기를 파보아라!"

큰아들은 어리둥절하면서 아버지가 가리키는 텃밭을 곡괭이로 파기 시작했어요. 얼마 후, 흙과 함께 쇳조각들이 나오기 시작했어요. 자세히 살펴보니 바로 가족들이 찾던 돈이었어요.

"이 텃밭 전체에는 내가 그동안 열심히 번 돈이 들어있다. 그러나 얼마나 들어있는지는 나도 잘 모른다. 돈이 생길 때마다 사슬돈으로 파묻었으니까."

"제 생각에 아버지가 그동안 번 돈은 수백 냥도 넘을 텐데, 어째서 이렇게 하셨어요?"

"물론 모은 돈을 어느 한곳에 숨겨둘 수도 있었다. 그런데 만약에, 도둑이라도 드는 날이면 한 번에 몽땅 잃어버릴 것이 아니냐?"

'사슬돈'이란

'꿰거나 싸지 않은 흩어진 쇠붙이 돈'이란 뜻으로, '잔돈(단위가 작은 돈)'을 뜻하는 우리말입니다. 옛날 돈인 엽전에는 가운데 구멍이 나있어서 한 줄에 꿰어 보관할 수 있었어요. 줄에 꿰거나 싸두지 않으면 흩어지겠죠? 그렇게 꿰지 않은 잔돈을 '사슬돈'이라고 합니다.

새들다

최 진사 댁에 중매쟁이가 왔습니다.

"마님, 제가 훌륭한 사윗감을 하나 소개하려고 왔습니다요."

최 진사 부부에게는 시집갈 나이가 된 딸이 하나 있었습니다.

"오, 그래? 어떤 사람인가?"

중매쟁이는 이웃마을 강 진사의 아들을 소개했습니다.

"강 진사 댁 아드님이 훌륭한 사윗감입죠. 지난 봄, 과거시험에 1차 합격했습죠. 2차, 3차도 문제없을 만큼 똑똑한 청년입니다. 게다가 강 진사 댁도 아주 좋은 가문입니다. 형제들도 모두 한 자리씩 하고 있답니다."

요즘과 달리 옛날에는 집안을 먼저 따져 보았기 때문에 이런 이야기가 오가곤 했습니다.

"좋아, 그렇다면 강 진사 댁과 한 번 만날 자리를 마련해야겠군?"

그렇게 해서 최 진사 댁 따님과 강 진사 댁 아드님의 혼인이 이루어지게 되었습니다. 혼례가 치러지는 날, 동네에서는 큰 잔치가 벌어졌습니다. 중매쟁이도 잔치에 가서 맛있는 음식을 배불리 먹고 있었습니다.

그때 친구가 중매쟁이에게 물었습니다.

"이보게, 이번 혼사에 새들고 나서 어떤 대가를 받았는가?"

"아, 그야 중매를 잘 섰으니 술 석 잔을 얻어먹었지?!"

옆에서 두 사람의 이야기를 듣고 있던 사람이 한 마디 했습니다.

"여보게, 나도 중매 서고 술 좀 얻어 먹게 요령을 알려주겠나?"

"자넨 약재상이 아니오? 그럼, 약재를 사고 팔겠다는 사람한테나 부지런히 새들어 주지 그러나?!"

'새들다'는
1.물건을 사는 사람과 파는 사람 사이에 흥정을 붙이다, 2.혼인을 중매하다, 라는 뜻을 가진 우리말입니다. 앞에서는 2의 뜻, 뒤에서는 1의 뜻으로 쓰였습니다.

새롱거리다

무지개 아파트 단지의 한쪽에는 어린이 놀이터가 있습니다.

"야, 미끄럼틀에서 누가 제일 빨리 내려오나 시합하자!"

"좋아, 내가 먼저 탈래!"

미끄럼틀에서는 사내아이들이 와글거립니다.

"장난감 기차가 칙칙 떠나간다, 과자와 사탕을 싣고서…"

다른 한쪽에서는 여자아이들이 치맛자락을 펄럭이며 고무줄놀이가 한창입니다.

"무궁화 꽃이 피었습니다…"

숨바꼭질도 빠지지 않는 놀이입니다. 화창한 날, 놀이터에서는 이마에 땀 난 아이들이 악을 쓰며 신이 났습니다.

그때였습니다.

"아야! 으~앙!!"

놀이터의 어디선가 자지러질듯 한 아이 울음소리가 들려왔습니다. 동네에서 소문난 심술쟁이 짱구가 철봉에서 떨어진 것입니다.

"아 고거 참, 고소하다. 만날 여자애들 고무줄 끊고 먹을 거 빼앗아 먹더니…아주 잘 됐어!"

아이들은 이런 표정으로 짱구를 쳐다보았습니다. 놀이터 벤치에 앉아 계시던 짱구 외할머니가 울음소리를 듣고 다가와 꿀밤을 먹이며 말씀하셨습니다.

"인석아, 내 이럴 줄 알았다! 아까부터 계속 **새롱거리고** 한시도 가만있지를 못하더니만…"

그러면서도 할머니는 울고 있는 짱구를 달래어 집으로 데리고 가셨습니다.

'새롱거리다'는
'경솔하고 방정맞게 까불며 자꾸 지껄이다'의 뜻을 가진 재미있는 우리말입니다.

새수나다

혹부리 오 영감이 두멍산에 나무를 하러 갔습니다. 그늘에 누워 쉬다가 그만 잠이 들고 말았습니다. 한밤중에야 잠이 깬 오 영감이 부랴부랴 산을 내려오다가 초가집을 발견했습니다.

"아무래도 여기서 밤을 지내고 가야겠구나…"

거기에는 여러 사람이 있었는데 그중 수염이 빨간 남자가 말했습니다.

"영감, 노래 좀 할 줄 아시오? 밤도 긴데 한번 불러 보슈!"

원래 노래를 잘하는 오 영감이 멋진 노래를 불러주었습니다.

"우와!! 노래를 아주 잘하는구만! 어떻게 하면 잘하는지 방법 좀 알려주게! 내, 보답하리다!"

그 말에 엉뚱하게 장난기가 발동한 오 영감이 자신의 오른쪽 턱에 달린 커다란 혹을 어루만지며 대답했습니다.

"내 노래는 이 혹에서 나온 다오! 이렇게 혹이 달린 사람들은 모두 노래를 잘한 다오!"

그러자 빨간 수염이 감탄하며 다가왔습니다.

"그래?! 그 혹은 어떻게 하면 달 수 있지? 그걸 내게 주오!"

오 영감은 놀라 뒤로 물러나다가 벽에 머리를 부딪치고 기절해버렸습니다. 다음날 눈을 뜬 오 영감 주변에는 빗자루 몇 개가 금덩어리와 함께 널려 있었습니다.

"아니, 그럼… 내가 밤새 도깨비들과 함께 있었단 말이야?!"

그 귀찮던 혹도 떼어지고 없었습니다. 오 영감이 혹도 떼고 금덩어리도 얻었다는 얘기는 동네에 쫙 퍼졌습니다.

"오 영감이 간밤에 **새수났다고**? 나도 오늘밤에 두멍산에 한 번 가볼까?"

소문을 들은 욕심쟁이 홍 영감이 혹을 쓰다듬으며 중얼거렸습니다.

'새수나다'라는 표현은
1.갑자기 좋은 수가 생기다, 2.뜻밖에 재물이 생기다, 라는 뜻의 재미있는 우리말입니다.

새침데기

어느 날, 효선이 이모가 결혼할 남자를 집으로 데리고 왔습니다.

호기심 가득한 가족들은 모두 그 사람을 요리조리 뜯어보고 있었습니다.

"가족은 어떻게 됩니까?"

효선이 아버지가 부모님을 대신해서 질문했습니다.

"네, 부모님과 여동생이 한 명 있습니다."

효선이 이모부 될 사람은 씩씩하게 대답했습니다. 저녁식사를 마치고 차를 내오던 효선이 어머니가 차를 권하며 말씀하셨습니다.

"제 동생이 시집을 안 간다고 해서 정말 그런가 했더니, 그게 아니었군요? 만난 지 얼마나 됐어요?"

"음, 만난 지 3년 정도 됐습니다."

효선이 어머니는 그 대답에 깜짝 놀랐습니다.

"어머나 어머나, 세상에! 3년이나 됐다구요? 이런 **새침데기**가 있나? 우리를 아주 감쪽같이 속였구나?"

그러자 효선이 이모는 얼굴이 빨개지며 대답했습니다.

"아니, 그게 아니라… 확실하게 결혼을 할지 말지 모르니까 그동안 비밀로 한 거라구요…"

곁에서 어른들의 대화를 가만히 듣고 있던 효선이는 새침데기라는 말에서 귀가 쫑긋해졌습니다. 그리고 속으로 생각했습니다.

'아하, 이모가 새침데기라고? 시집갈 생각이면서 아니라고 잡아떼는 사람을 새침데기라고 하는 걸까?? 이상하네? 학교에서는 아이들도 나보고 새침데기라고 하던데…?'

'새침데기'란
'새침한 성격을 지닌 사람'이라는 의미의 우리말입니다. 겉으로만 얌전한 체하는 사람을 가리킬 때 주로 쓰이는 표현입니다.

생채기

"너 저만치 가! 가까이 오지 말라고!"

우정이가 옆자리의 중서에게 이렇게 쏘아붙였습니다.

"여긴…내…내 자리야…왜…왜 그래…?"

중서가 말을 더듬으며 물었습니다.

"어휴, 바보가 말도 더듬네…냄새 나니까 저만치 좀 가라고!"

우정이는 책상을 둘씩 붙여 앉는 자리 배치가 마음에 들지 않았습니다. 그래서 중서의 책상을 조금이라도 멀리 떼어놓기 위해 안간힘을 썼습니다.

미술시간이 되었습니다.

"자, 오늘은 크레파스로 자신의 미래 모습을 그려봅시다! 어떤 멋진 사람이 되어 있을지 마음껏 상상하세요! 시작~!"

선생님의 말씀이 끝나자 아이들은 알록달록한 크레파스를 꺼내어 밑그림을 그리고 예쁘게 색칠하느라 여념이 없었습니다.

그때였습니다.

"꺄악~! 저리 안 가? 왜 남의 것을 만지고 야단이야!"

우정이의 비명소리와 함께 소동이 일어났습니다.

"무슨 일이니? 갑자기 왜 그래?"

선생님이 다가왔을 때, 중서는 얼굴을 감싸 쥔 채 고개를 숙이고 있었습니다. 중서는 자신의 12색 크레파스에는 없는 색상을 빌려달라고 얘기하려다 우정이가 휘저은 손길에 상처를 입은 것입니다.

"얘, 중서야, 괜찮니? 어디 보자, 어머 **생채기**가 났구나?!"

선생님은 중서 얼굴에서 피가 나는 것을 보고 깜짝 놀랐습니다.

"친구를 그렇게 차별하는 건 옳지 않아…중서에게 사과해라."

그제서야 우정이도 조금 미안한 마음이 들었습니다.

'생채기'란
'손톱 따위로 할퀴어 생긴 작은 상처'를 뜻하는 우리말입니다.

서털구털

덤벙산의 지배자는 난폭한 하이에나였습니다.

용맹한 사자와 호랑이도 성질 나쁜 하이에나에게는 꼼짝을 못했습니다.

"날 우습게 보는 녀석은 코끼리 할아버지라도 봐주지 않을 테니 그런 줄 알라고, 힝~!!"

그래서 덤벙산 동물들은 모두 한 가지 소원뿐이었습니다.

"사냥꾼들은 뭘 하는 거야? 저 못된 하이에나 녀석 좀 잡아가지 않고 말이야!"

그런 어느 날, 하이에나가 퀴즈놀이를 시작했습니다. 질문에 답을 못하면 제 시중을 들어주어야 한다는 것입니다.

"미치겠군! 어서 퀴즈 책을 찾아봐야겠어!"

동물들은 모두들 긴장해서 털이 곤두서는 것을 느꼈습니다. 마침내 퀴즈놀이가 시작되었습니다. 여우나 토끼는 잔머리를 굴려 위기를 모면했습니다. 다음은 말더듬이 두더지가 불려나왔습니다.

"오랜만이야, 말더듬이! 이 세상에서 가장 용맹하고 멋진 사나이는 누군지 알고 있나?"

말더듬이 두더지는 조용히 땅속에서 살았기 때문에 세상물정에 아주 어두웠습니다. 두더지는 눈을 한참 껌벅이다가 대답했습니다.

"응… 그러니까 그게…타, 타,…타…잔…?? 아니…그게 아니고…"

두더지는 벌벌 떨며 이렇게 더듬거렸습니다.

"뭐라고? 이런 멍청아! 그렇게 서털구털 지껄이지 말고!! 정답을 말하라니까?!!"

하이에나가 몹시 화가 나서 눈을 부릅뜨며 소리를 지르자 말더듬이 두더지는 그 자리에서 기절하고 말았습니다.

'서털구털'이란
'말이나 행동이 침착하고 단정하지 못하며 어설프고 서투른 모양'을 뜻하는 재미있는 우리말입니다.

선머슴

　서너 명씩 짝을 지어 편을 갈라 전쟁놀이를 하는 아이들 중에서 영주는 유일한 여자아이입니다. 그런데도 웬만한 남자아이 보다 씩씩하고 장난도 심한 편입니다.

　"꼼짝 마라! 너희는 포위됐다!"

　"에잇, 폭탄이닷!"

　"야, 치사하게 포위된 사람이 폭탄 던지는 게 어딨냐?!"

　"남이야! 흥!"

　놀이터에서는 전쟁놀이가 한창입니다.

　"으이그, 하여튼 영주 쟤는 여자애냐 남자애냐? 맨날 제일 설친다니까!"

　포위된 아이들이 투덜거렸습니다.

　"여자애가 뭘? 여자 군인도 있어! 잔소리 말고 너희가 졌으니까 앞으로 1주일동안 가방 들어주기다!"

　영주는 어깨를 으쓱하며 모래바닥에 던져놓았던 가방을 메고 집으로 돌아갔습니다.

"엄마! 학교 다녀왔습니다.!!"

"아이고, 집 무너지겠다. 계집애가 웬 목소리가 그렇게 크냐?"

현관문을 열어주시던 어머니가 영주의 모습을 보고는 다시 한 번 깜짝 놀라셨습니다.

"아니 이게 무슨 꼴이야? 흙먼지 뒤집어쓰고, 대체 뭘 하고 다니는 거야? 완전히 선머슴이로구나?!"

'선머슴'이란
'차분하지 못하고 매우 거칠게 덜렁거리는 사내아이'를 가리키는 재미있는 우리말입니다. 꼭 사내아이가 아니더라도 장난이 심하고 몹시 덜렁거리는 아이를 가리킬 때 사용됩니다.

설익다

경주는 친구들과 함께 호수공원에 놀러갔습니다.

"우리 자전거 탈래?"

아이들은 신나게 자전거를 타며 놀았습니다. 한참을 뛰놀던 경주가 갑자기 허리를 잡고 울상을 지었습니다.

"아, 배 아파!"

아이들이 놀라서 몰려왔습니다.

"왜 그래, 경주야? 배 아파?"

"아까 빵 먹은 게 얹혔니? 어떡하니?"

경주는 문득 아침에 엄마가 해준 밥이 생각났습니다.

"아침에 밥이 좀 **설익어서** 그런지 먹는데 이상했어. 학교에서도 소화가 안되는 것 같긴 했는데… 그것 때문일까?"

"**설익은** 밥을 먹었구나? 나도 전에 설익은 밥 먹은 적 있는데…되게 아팠어. 맞아. 그것 때문일 거야!"

아픈 경주 때문에 아이들은 그만 집으로 돌아가게 되었습니다.

"엄마! 오늘 엄마 때문에 배 아팠어요!"

경주는 집에 돌아오자마자 어머니께 투정을 부렸습니다.

"아니 왜?"

"아침에 엄마가 설익은 밥 해줬잖아요? 그거 먹고 하루 종일 배 아팠다니까요?"

그 말을 들은 어머니는 깜짝 놀랐습니다.

"어머나, 그래서 어떻게 했니? 약은 먹었니? 미안하구나… 그렇지만 엄마도 실수가 할 때가 있는 거란다!?"

'설익다'라는 단어는
1.충분하지 아니하게 익다, 2.완성되지 못하다, 라는 뜻으로 쓰이는 우리말입니다.

수끌하다

"할아버지, 날도 더운데 무서운 얘기 좀 해주세요!!"

한 여름 밤, 시골집에 모인 손주들이 할아버지께 무서운 이야기를 해달라고 졸랐습니다.

"좋아! 할애비가 젊었을 적에 겪은 이야기를 해줄까?…저 산마루에 지금의 공동묘지가 생기기 전에도 누구나 그곳에 산소를 만들었단다. 그런데, 산 너머 마을에서 집으로 돌아오려면 꼭 그곳을 지나와야 했단다…"

손주들은 모두 침을 꿀꺽 삼켰습니다.

"그날, 산 너머 친구 집에 생일 초대를 받아 놀러갔다가 늦게 돌아오게 된 거야!"

눈이 휘둥그레져서 듣고 있던 큰 손주가 물었습니다.

"으~ 벌써 무서워! 그 산소들 앞을 지나야 됐어요?"

"그렇지, 마을의 불빛만 보고 계속 앞으로만 가는데 어둠 속에서 웬 청년이 다가오는 거야. 그리고는 씨름을 하자는 거야! 얼떨결에 씨름을 하는데,

도대체 승부가 나지를 않는 거야!"

"한밤중에 씨름을 하셨다구요?"

"그러게 말이다. 그런데 날이 훤히 밝아오기 시작하니까 씨름을 하던 청년이 갑자기 푹 주저앉는 거야… 자세히 보니 글쎄~!"

"그게 뭐였어요? 귀, 귀신이에요??"

"허허! 그게 아니라 빗자루였어! 내가 바로 도깨비한테 홀렸던 거야! 그걸 본 순간 온몸이 수꿀해지는 거야! 도깨비들은 빗자루에 숨어들어서 사람처럼 모습을 바꾼 다음 사람과 씨름을 한다는구나! 어때? 너희들도 이 얘기 들으니 무서워서 몸이 으쓱하지?!"

'수꿀하다'라는 단어는
'무서워서 몸이 으쓱하다'라는 뜻을 가진 재미있는 우리말입니다.

숫되다

새앙쥐들이 부엌을 드나들다가 선반 위의 꿀 항아리를 밀쳐 떨어뜨리고 말았습니다.

"와당탕탕!"

요란한 소리에 놀란 쥐들은 날쌔게 도망을 쳐버렸습니다.

"어, 이게 무슨 냄새지?"

사방으로 퍼지는 달콤한 꿀 냄새를 귀신같이 맡은 파리들이 몰려들기 시작했습니다.

"웬 꿀이야?!"

"저런 어리숙한 새앙쥐 녀석들, 이 좋은 것을 놔두고 도망을 가다니!"

"상관없잖아? 우리가 다 먹어치우면 되지, 뭐!"

똥파리 쉬파리 할 것 없이 모여 한바탕 꿀 잔치가 벌어졌습니다.

"아~ 배부르다. 이제 슬슬 다른 곳으로 날아가 볼까?"

"어? 이게 왜 이러지? 내 발이 어떻게 된 거야?"

실컷 꿀을 먹고 나서 다른 곳으로 날아가려고 했지만 파리들은 그 자리에서 꼼짝도 할 수 없었습니다.

"으~ 새앙쥐들아, 우리 좀 살려줘!"

달콤한 꿀이 파리들의 온몸과 발에 달라붙어 버렸던 것입니다. 날아보려 계속 움직여 보았지만 나중에는 날개까지 꿀범벅이 되어버렸습니다.

그 광경을 멀리서 지켜보던 새앙쥐 한 마리가 어슬렁거리며 다가와 이렇게 한마디 했습니다.

"꿀맛이 어때? 죽는 줄도 모르고 단것만 좋아하더니, 정말로 **숫된** 녀석들은 우리가 아니라 바로 너희들 이란다!"

새앙쥐는 꼬리를 흔들며 쥐구멍으로 돌아 가버렸답니다.

'숫되다'라는 표현은
'순진하고 어수룩하다'라는 뜻으로 쓰이는 우리말입니다.

숫접다

"우와!! 저게 바로 남산타워로구나?!"

"이건 63빌딩이야!! 정말 63층일까?"

여름방학을 맞아 남해안의 '해미도(島)' 아이들 10명이 서울 호동초등학교 선생님들의 초대로 서울에 왔습니다.

첫날 점심식사는 63빌딩의 식당에서 먹게 되었습니다.

"이렇게 먹는 걸 뷔페라고 한다며?"

"그래, 먹고 싶은걸 자기 마음대로 갖다 먹는 거래…"

아이들은 어색해하면서도 즐겁게 처음 보는 여러 가지 음식들을 배부르게 먹었습니다.

"잠시 화장실에 갈 사람은 얼른 갔다 오세요!"

그런데 한참이 지나도 영진이가 돌아오지 않았습니다.

"영진아! 영진아!!"

선생님들은 뷔페식당과 화장실 주변을 살폈습니다.

"거기… 영진이 아니니? 무슨 일이냐, 왜 이러고 있어?!"

한참 만에 복도 끝 계단참에서 울고 있는 영진이를 담임선생님이 발견했습니다. 영진이는 울면서 이렇게 자초지종을 설명했어요.

"화장실에 가는데, 어떤 아저씨가 서울에서는 화장실 사용료를 내야한다면서 가방을 맡아줄 테니 얼른 갔다 와서 내라고 했어요…그래서 제가 볼일을 보고 나오니까, 가방도 그 아저씨도 없어져버렸어요…흑흑!"

"허참! 눈뜨고도 코 베인다더니… **숫저운** 어린아이 주머니를 다 털어 가는 사람들이 있구랴! 참, 무서운 곳이 서울이로군!"

해미도에서 태어나고 30년 가까이 그곳에 사시는 선생님 한 분이 이렇게 한탄하셨습니다.

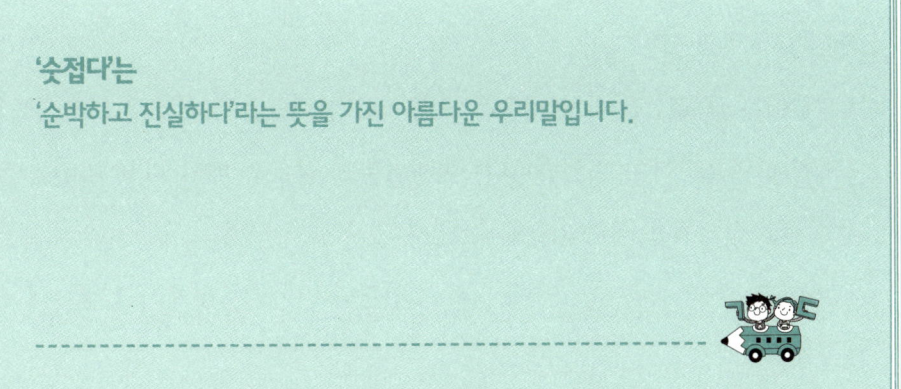

'숫접다'는
'순박하고 진실하다'라는 뜻을 가진 아름다운 우리말입니다.

시나브로

반에서 뚱순이라고 별명이 붙은 현경이가 오늘도 학교에서 돌아오자마자 짜증을 냈습니다.

"어휴 속상해. 이게 다 엄마 때문이야! 애들이 내 이름은 안 부르고 뚱순이라고 놀린단 말이야!"

"그게 왜 내 탓이니? 쉬지 않고 먹어댄 뚱순이, 네 탓이지!"

어머니는 현경이를 위로하기는커녕 더욱 약을 올렸습니다.

"좋아, 이번 겨울방학 땐 살을 쫙 뺄 거야. 개학하면 아무도 난 줄 몰라보게 만들어 주겠어!"

현경이는 큰 결심을 하고 거울을 보며 한숨을 지었습니다.

마침내 겨울방학이 되었습니다. 현경이는 그날부터 매일 다섯 바퀴씩 동네를 걷고 달리기를 쉬지 않았습니다.

"아이고, 우리 뚱순이가 땀에 흠뻑 젖었구나? 맛있는 핫케이크 했는데 좀 먹을래?"

어머니는 일부러 현경이를 유혹해보았습니다. 그러나 현경이는 전혀 흔들리지 않았습니다.

"날 뭘로 보는 거예요? 뚱순이가 된 건 역시 엄마 때문이었어. 이젠 절대로 엄마의 꾐에 넘어가지 않을 거야!"

마침내 긴 겨울방학이 끝날 무렵이 되었습니다. 개학 전날 체중계로 몸무게를 달아본 현경이는 신나는 비명을 질렀습니다.

거실에 계시던 어머니가 웃으며 아버지에게 말씀하셨습니다.

"우리 현경이 정말 대단해요! 방학 내내 쉬지 않고 운동을 하더니 **시나브로** 살이 빠졌더라구요. 이젠 누가 봐도 뚱순이라고 못할 거예요, 호호!"

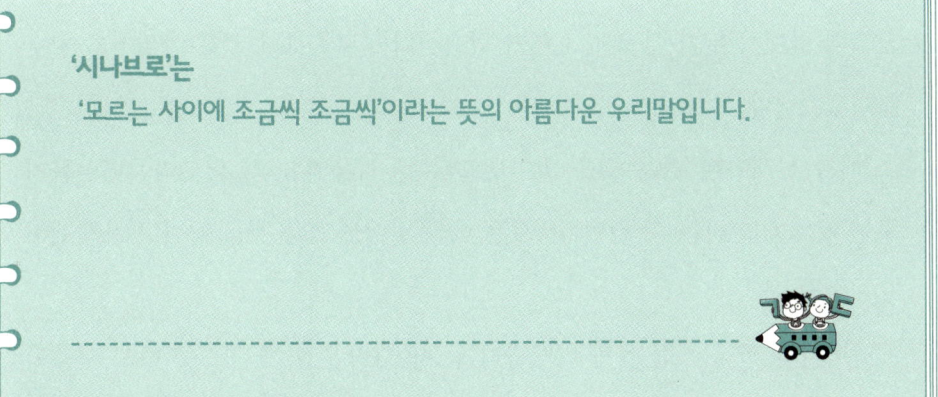

'시나브로'는
'모르는 사이에 조금씩 조금씩'이라는 뜻의 아름다운 우리말입니다.

시위잠

"할머니, 아버지는 언제 오세요?"

철모르는 선재가 오늘도 아버지를 찾습니다. 할머니는 한숨만 내쉽니다.

"돈 벌어 갖고 오신다고 했으니까, 조금만 더 기다려보자, 응?"

나라 경제가 어려워지면서 선재네 가족은 뿔뿔이 흩어졌습니다. 어머니는 일찌감치 집을 나가셨고 아버지도 돈을 벌어오겠다며 어린 선재를 할머니께 맡기고 나가신지 두 달도 넘었습니다.

"어머니, 계세요?"

그때 밖에서 누가 부르는 소리가 났습니다. 내다 보니 선재 아버지의 친구 분이었습니다.

"제가 선재아빠 있는 곳을 알아냈습니다. 서울역 근처 어디라는데…듣기로는 막노동을 하는 것 같아요. 사는 데를 알아뒀으니 지금 같이 가보시겠어요, 어머니?"

할머니와 선재는 뛸 듯이 기뻤습니다. 세 사람은 함께 버스를 타고 서울역 부근의 쪽방 골목으로 갔습니다. 쪽방은 겨우 한 사람씩 잠만 잘 수 있게 좁은 방을 말합니다.

"여기 같은데… 누구 안에 있어요?"

할머니가 먼저 방문을 살며시 열어 보았습니다. 그 안에는 한 사람이 웅크리고 잠이 들어있었습니다.

"아이고, 아범아!…세상에 얼마나 피곤하면…이 좁은 방에서 겨우 **시위잠**을 저렇게 자는 구나…!"

할머니는 웅크리고 잠든 허름한 행색의 아들이 안타까워 눈물을 지으셨습니다. 그 소리에 놀란 선재 아버지가 부스스 눈을 뜨다가 깜짝 놀라 일어났습니다.

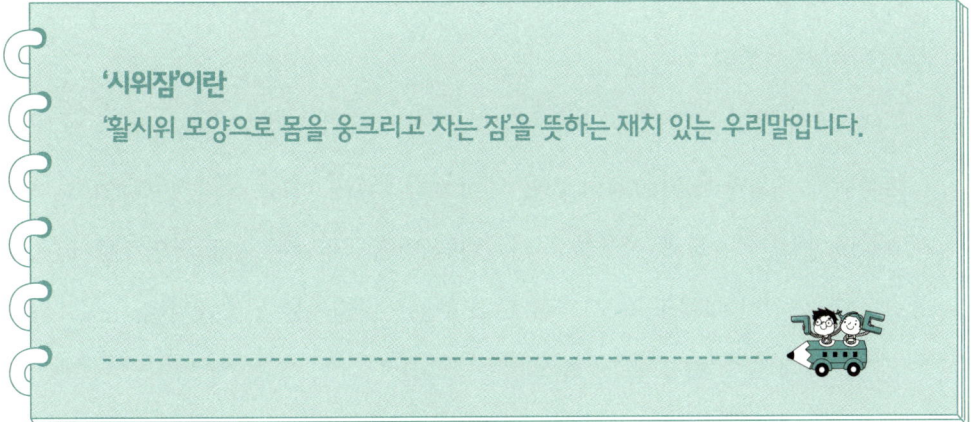

'시위잠'이란
'활시위 모양으로 몸을 웅크리고 자는 잠'을 뜻하는 재치 있는 우리말입니다.

슬기주머니

옛날 어느 마을에 젊은 여자만 잡아가는 도둑이 있었습니다.

"거참, 날만 새면 젊은 여자가 없어지는 이유가 뭘까?"

마을사람들은 모이면 걱정을 하느라 야단이 났습니다.

"대체 어떤 도둑놈이 그러는 지나 알아야 할 거 아닌가?"

사람들은 도둑의 정체도 모른 채로 하루 하루 두려움에 떨었습니다.

"도둑의 정체를 캐고 관가로 끌어올 사람 없소?!"

고을 사또는 이렇게 마을사람들에게 도움을 청했습니다. 그러나 아무도 선뜻 나서지 못했습니다.

"괜히 도둑 잡아 보겠다고 나섰다가 더 크게 당하면 어쩌누?!"

하루하루 지날수록 마을에서 젊은 여자들의 모습은 점점 사라져갔습니다. 사람들은 매일 밤늦도록 마을을 지켜준다는 아름드리나무 아래 모여 회의를 했습니다. 그러나 아무도 속 시원한 해결방법을 내놓지는 못했습니다.

"사또, 제게 도둑 잡을 좋은 꾀가 있습니다요."

어느 날, 한 소년이 사또를 찾아가 이렇게 말했습니다.

"뭐라고? 네가? 너, 몇 살이냐? 엄마 젖 더 먹고 오너라!"

사또는 소년을 아주 우습게 생각하고 거들떠보려고 하지도 않았습니다. 그러나 소년은 막무가내로 사또에게 다가가 귓속말로 자신의 꾀를 일러주었습니다. 이야기를 다 들은 사또는 무릎을 치며 좋아했습니다.

"하, 고 녀석! 그런 방법이 있었구나?! 너 대체 몇 살이냐? 요, 깜찍한 **슬기주머니** 같으니라고!"

'슬기주머니'란
'남다른 재능을 가진 사람을 비유적으로 이르는' 재치 있는 우리말입니다.

아기뚱하다

옛날 어느 마을에 늙은 어머니를 정성껏 모시는 효자가 살았습니다.

"우리 아들이 최고다! 그런데 여태 장가를 못 가 어쩌누-?"

효자 아들의 어머니는 늘 그것이 걱정이었습니다. 그래서 새벽마다 장독대에서 신령님께 빌었습니다.

"우리 착한 아들, 배필을 점지해주십시오…"

마침내 소원이 이루어졌습니다.

며칠 후, 산에서 나무를 하던 효자는 우연히 선녀의 날개옷을 주웠습니다. 그 선녀를 아내로 얻은 효자의 집안에는 그날부터 갑자기 재물이 불어나기 시작했습니다.

"이것을 내다 파세요."

아내가 주는 패물을 하나씩 내다 팔아 많은 돈이 생긴 것입니다. 효자는 좋은 집도 사고, 좋은 옷을 입고, 하인을 거느리며 살기 시작했습니다.

"어흠! 이리 오너라!!"

효자는 더 이상 예전처럼 힘들여 일 하지 않아도 되었습니다. 대신 날마다 친구들과 어울려 놀러 다니며 흥청망청 했습니다. 예전처럼 동네어른을 보고도 고개 숙여 인사하지 않았습니다. 동네 어른들은 그런 효자를 보고 혀를 찼습니다.

"장가를 가더니 사람이 아주 변해버렸어!"

"맞아! 하는 짓이 아주 **아기똥한**게 예전에 내가 알던 그 착한 사람이 아니야!!"

남편의 변한 모습에 실망한 선녀 아내도 어느 날 다시 하늘로 올라가 버렸답니다.

'아기똥하다'라는 표현은
1.말이나 행동 따위가 매우 거만하고 앙큼한 데가 있다, 2.조금 틈이 나 있다, 의 뜻으로 쓰이는 재미있는 우리말입니다. 여기서는 1의 뜻으로 쓰였습니다.

아람치

"이놈은 너 대학갈 때 등록금에 보탤 거니까, 잘 키워야 한다!"

기영이 아버지는 농사꾼입니다. 이제 초등학생인 기영이 몫으로 누렁 송아지 한 마리를 장에서 사 오는 길입니다.

"우와!! 그럼 이게 내 송아지 맞아요?"

기영이는 말만 들어도 기분이 좋아지고, 누렁 송아지에게 정이 가는 것만 같았습니다.

"잘됐네, 앞으로는 네가 풀도 먹이고 죽도 쑤어 먹이고 보살펴줘라!"

어머니도 같이 기뻐하셨습니다. 기영이는 그날부터 열심히 소를 돌보았고, 누렁 소는 점점 의젓하고 건강하게 자라고 있었습니다.

어느 날, 서울에서 사업을 하는 기영이 큰 형님이 내려왔습니다.

"아부지, 어떻게 좀 해주세요! 금방 갚아드릴게요, 네?"

형님은 이렇게 부모님께 무언가 다급하게 사정하고 있었습니다. 기영이는 가만히 외양간으로 가서 누렁 소를 어루만져주었습니다.

"넌 아무 데도 안 갈 거지??!"

다음날, 학교에서 돌아온 기영이는 깜짝 놀랐습니다. 자신이 그렇게 애지중지 길러온 누렁이가 없어진 것입니다.

"아부지… 내 송아지, 어디 갔어요? 누렁이 어디 갔냐고요?!"

아버지는 기영이를 쳐다보며 그저 한숨만 쉬셨습니다.

"소는 또 사주마… 네 형이 돈이 급하대서… 누렁이 말고도 돼지 10마리도 같이 팔아줬다…금방 갚는단다…"

그 소리에 기영이는 울음을 터뜨리며 주저앉아버렸습니다.

"안돼요! 누렁이는 내 **아람치**라고 아부지가 분명히 얘기하셨잖아요? 내 허락도 없이 그러는게 어디 있어요?!! 당장 누렁이 돌려줘요!!! 흑흑…"

'아람치'란
'개인이 사사로이 차지하는 몫'을 뜻하는 아름다운 우리말입니다.

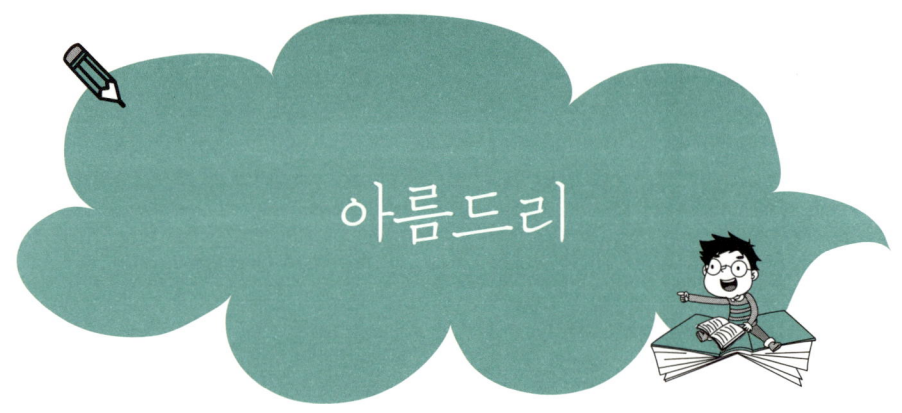

아름드리

"어서들 나오너라!"

아버지가 아침부터 서두르는 까닭이 있습니다.

오늘은 일요일이자 식목일이기 때문입니다. 윤수는 늦잠을 자지 못하는 것이 불만이었습니다.

"아이 참 아빠, 어린이들은 특히 잠을 충분히 자야 되는 거 아니에요?"

"아 인석아, 그만큼 잤으면 됐지! 어서 가자!"

아버지는 서둘러 마을의 뒷산으로 걸음을 재촉했습니다. 윤수와 동생 현수는 간밤에 준비해둔 어린 소나무 한 그루씩을 들고 뒤따랐습니다. 마을 뒷산에는 벌써 많은 사람들이 여기저기에 어린 나무를 심고 있었습니다.

"이것 봐라, 우리는 지각이구나, 얼른 나무 심을 자리를 찾아보자!"

그리고 세 사람은 함께 각자의 나무를 열심히 정성껏 심었습니다. 아침 일찍이라 상쾌한 공기도 마시고 나무를 심어 이름표를 달아주고 나니 세 사람 모두 흐뭇한 기분이 되었습니다.

어머니가 챙겨주신 보온병의 따뜻한 차를 마시던 아버지가 먼 산자락의 커다란 나무들을 가리키며 말씀하셨습니다.

"이 나무가 저렇게 **아름드리** 나무로 자라려면 수십 년씩 걸린단다. 지금 심어서 너희들이 어른이 되는 동안 어린 나무들도 같이 자라서 어른이 되는 거야! 자주 올라와서 돌봐 주거라."

윤수는 자신과 함께 어른이 되어갈 어린 나무에게 소원을 빌었습니다.

'어린 나무야, 무럭무럭 자라서 멋진 아름드리나무가 되어주렴!'

'아름드리'란
'한 아름이 넘는 큰 나무나 물건 또는 둘레가 한 아름이 넘는 것'을 나타내는 우리말입니다. '아름'은 두 팔을 둥글게 모아서 만든 둘레를 뜻합니다.

안다니

한빛교회 초등부 어린이들이 칠봉산으로 여름 수련회를 갔습니다.

"야~~~산에 오니까 공기가 이렇게 좋아!!"

"우와!! 저 계곡 물 좀 봐! 저렇게 맑은 물은 처음인걸!"

아이들은 시원한 산바람을 맞으며 즐거워했습니다.

"자, 애들아. 각자 짐을 풀고 수련장 마당으로 모여라! 저녁을 먹기 전에 이 산을 한 바퀴 돌고 와야 하니까!"

그리고 오후 2시에 칠봉산 정상을 향해 20명의 아이들과 함께 출발했습니다. 길 안내는 칠봉산을 잘 안다는 김 교사가 맡았습니다. 그런데, 한참을 올랐을 때입니다.

"어어… 여기가 아닌가??"

길은 보이지 않고 숲과 가파른 비탈길이 나타난 것입니다. 게다가 갑자기 하늘이 어두워지더니 소나기까지 내리는 것이었습니다. 일행은 모두 우왕좌왕하기 시작했습니다.

"아니, 김 선생님! 길을 잘 안다고 했잖아요? 어떻게 된 겁니까?"

"글세… 분명히 이쪽이 맞는데… 오래 전에 왔었기 때문에…"

"으앙~! 난 몰라! 집에 갈 거야! 엄마!!"

아이들은 비에 젖어 추위와 불안에 떨기 시작했습니다. 지도교사들은 서로 잘못을 따지며 언성을 높였습니다.

"**안다니**로 나섰으면 책임을 져야 할 거 아녜요?!! 책임지라구!"

그 광경을 보던 한 아이가 말했습니다.

"선생님들…서로 책임 미루지 마시고요, 힘을 합쳐 무사히 산을 내려갈 방법을 생각해야 하지 않을까요?"

그 소리에 지도교사들은 아이들에게 부끄러워졌습니다.

'안다니'란
'무엇이든지 잘 아는 체 하는 사람'을 가리키는 재미있는 우리말입니다.

안차다

여름방학 캠프가 열렸습니다. 보람이네반 아이들은 캠프가 열린 계룡산 야영장에서 야영을 하게 되었습니다.

"저녁식사가 끝나는 대로 공터로 모여라!"

지도교사가 아이들을 불러 모았습니다. 아이들은 신이 나서 죽겠다는 듯이 소리를 지르며 모여들었습니다.

"모두 모였나?! 1조부터 담당 선생님을 따라 고개를 넘어오는 것이다. 길이 가파르니까 조심해야 한다!"

보람이네가 제일 먼저 출발하게 되었습니다. 길이 그리 험하지 않았으므로 마침내 고개의 반환점을 넘어 무사히 돌아왔습니다. 그런데 인원 점검을 하는 도중에 보람이가 소리쳤습니다.

"어, 선생님 동철이가 안 보여요!"

바로 뒤에 있어야 할 동철이가 없어진 것입니다.

"동철아! 동철아!"

모두들 산길에서 몇 시간을 찾아 헤매다 지쳤을 때입니다.

"어, 너 동철이 아니냐? 괜찮니? 어떻게 된 거야?"

어디선가 동철이가 불쑥 나타난 것입니다.

"가다가 잠깐 소변을 보고 나니까 뒤처졌어요. 그래서 저 혼자 고개 반환점까지 갔다가 오는 거예요…"

그제서야 모두들 안도의 한숨을 내쉬었습니다.

"인석아, 그런 줄도 모르고 우린 모두 네가 호랑이한테라도 물려간 줄 알았지! 녀석, 보기보다 아주 안차구나?!"

동철이는 쑥스러운 듯 머리를 긁적였습니다.

"헤헤…걱정끼쳐 드려서 죄송합니다…"

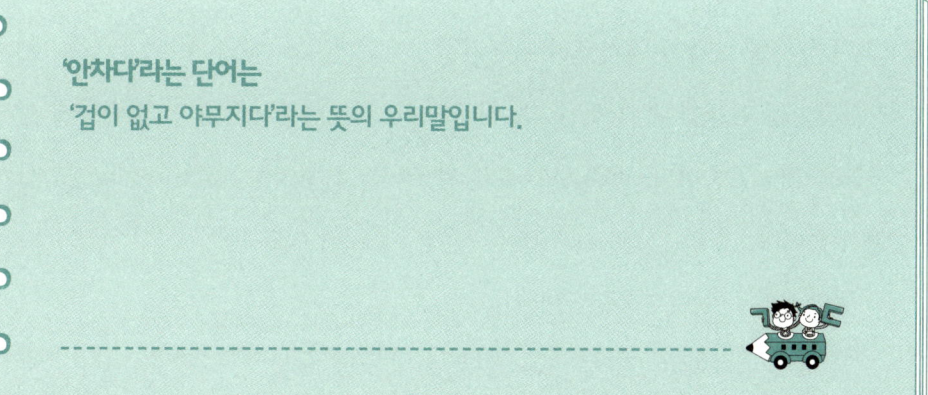

'안차다'라는 단어는
'겁이 없고 야무지다'라는 뜻의 우리말입니다.

알량하다

"안 돼! 이건 내 보물 상자예요!"

지민이는 작은 상자를 아주 소중하게 간직합니다. 가족들도 거기에 무엇이 들었는지 모릅니다.

"언젠간 내가 꼭 그 상자를 열어 볼 거야!"

중학교에 다니는 오빠 성민이가 매일 이렇게 엄포를 놓았기 때문에 혜민이는 상자를 더욱 꼭꼭 숨겼습니다.

어느 날, 지민이는 학교에서 1박2일의 야영캠프에 가게 되었습니다.

"이 상자를 오빠가 열어보면 어쩌지?"

지민이는 캠프에 가기 전날 밤, 아무도 모르는 비밀장소에 더 깊숙하게 상자를 숨겨놓았습니다. 토요일인 다음날 아침, 지민이는 씩씩하게 작별인사를 했습니다.

"엄마 아빠, 잘 다녀오겠습니다!"

"그래, 몸조심하고, 밥 잘 먹고, 선생님 말씀 잘 듣는 거 알지?!"

그날 오후에 학교에서 일찍 돌아온 오빠 성민이는 지민이가 늘 애지중지하는 그 상자를 열어보기로 했습니다.

"오늘이 기회인데…대체, 어디다 꽁꽁 숨겨놓은 거지? 엄마도 어디 뒀는지 모르시겠지?"

한참 만에 이불장 안에 숨겨놓은 지민이의 보물 상자를 찾아낸 오빠는 미소를 지었습니다. 그리고 뚜껑을 열었습니다.

"에개~! 이게 뭐야? 인형들이랑 어릴 때 신던 신발, 유리구슬, 꽃 머리핀…푸하하, 이 알량한게 보물이라구…?!"

오빠는 귀여운 동생 지민이의 얼굴을 떠올리며 뚜껑을 닫아 원래의 자리에 상자를 잘 놓아두었습니다.

'알량하다'는
'시시하고 보잘것없다'는 뜻으로 쓰이는 재미있는 우리말입니다.

애오라지

성준이는 할머니, 아버지와 함께 삽니다. 환경미화원이신 아버지는 가족을 위해 눈이 오나 비가 오나 열심히 일하십니다.

"어휴, 창피해! 오늘 학교 끝나고 집에 오다가 길에서 아버지를 봤다구요. 친구들이랑 같이 있었는데…!"

성준이는 아버지를 별로 자랑스러워하지 않았습니다.

"너 정말 못됐구나? 아버지가 가족을 위해 새벽부터 얼마나 애쓰시는데, 뭐 창피해? 얼른 가서 도와드리지는 못 할망정…쯧쯧!"

할머니가 이렇게 야단치셨지만 성준이는 아직도 불만이 많았습니다.

"할머니는 알지도 못하면서 왜 야단이세요? 우리 아버지만 왜 하필 청소부냐고요!"

이렇게 성준이와 할머니가 다투는 소리를 퇴근하시던 아버지가 문밖에서 들으셨습니다. 아버지는 슬픈 얼굴로 집안으로 들어갔습니다.

"성준아, 아버지 직업이 청소부라서 창피하냐?"

"그게 아니구요… 저, 그렇지만 아빠, 청소부 같이 힘들고 더러운 일을 꼭 하셔야 되나요? 다른 일을 하시면 안 돼요?"

아버지는 한참동안 생각하시다가 말씀하셨습니다.

"세상 모든 부모들은 자식을 위해 일한단다. 어떤 일을 하느냐가 중요한 게 아니라, 자기가 맡은 일을 열심히 하는 것이 중요한 거야. 아버지는 **애오라지** 너 하나 훌륭하게 키우려고 새벽부터 밤까지 쉬지 않고 일하고 있는데… 아버지 마음은 몰라주고 그런 소릴 들으니 섭섭하구나!"

그제서야 성준이는 자신의 생각이 잘못되었다는 것을 깨달았습니다.

'애오라지'란
1.'겨우'를 강조하여 이르는 말, 2.'오로지'를 강조하여 이르는 아름다운 우리말입니다. 여기서는 2의 뜻으로 쓰였습니다.

앵두장수

옛날 어느 마을에 달구라는 총각이 혼자 살았습니다.

"지난달에는 배나무 골 박씨네를 도와주었다며?!"

"아, 글쎄 먼젓번에는 우리 집에 와서 하루 종일 농사일을 거들었잖아? 내가 허리를 다쳐 꼼짝 못하고 누웠는데 말이여!"

"참말로 고마운 총각이여!"

마을사람들은 달구를 침이 마르게 칭찬했습니다. 그런데 마을에서는 한편으로는 안 좋은 일도 가끔 일어났습니다. 집집마다 곳간의 쌀가마니나 귀중품을 도둑맞곤 했습니다.

"아직도 범인을 못 잡았다지?"

"허참, 달구 같이 훌륭한 총각은 사람들을 가족처럼 돕기도 하는데, 대체 어떤 못된 놈이 도둑질을 하는 거야?"

이렇게 마을은 도둑 때문에 골치를 앓기도 했습니다. 그러던 어느 날 밤, 늦은 시각에 강 부잣집의 담장을 넘는 그림자가 있었습니다.

마침, 이웃 잔칫집에서 술을 마시고 늦게 귀가하던 팽 서방이 길섶에서 오줌을 누다가 우연히 본 것입니다.

다음 날, 달구네 집 앞에 사람들이 모여 야단이 났습니다.

"이것보라니까! 아예 밤을 틈타 도망을 쳤어! 내 두 눈으로 담을 넘는 걸 똑똑히 봤다니까?!!"

팽 서방이 자신 있게 말했습니다.

"아니, 그 착한 총각이 실은 못된 도둑이었다는 말이여!?"

"허 참…참한 색시도 소개해주려 했는데…달구 녀석이 앵두장수가 돼버렸으니!"

배나무 골에 사는 박씨도 소문을 듣고 달려와 혀를 찼습니다.

'앵두장수'란
'잘못을 저지르고 자취를 감춘 사람'을 뜻하는 재미있는 우리말입니다.

알겨먹다

"야, 너희들 일루와 봐!"

학교 근처 놀이터 길목에 몇몇 중학생들이 서성이며, 지나다니는 어린 초등학생들을 지켜보고 있었습니다.

"네? 저요…?"

피아노학원에 가던 용수와 경민이는 중학생 형들이 왜 자기들을 부르는지 몰라 어리둥절했습니다.

"그래, 너! 가진 거 다 내놔!"

"왜요? 형들이 왜 내 걸 달라는 거죠?"

경민이가 대들자 용수가 경민이 옆구리를 쿡 찔렀습니다.

"야, 저 형들이 이 동네에서 힘이 젤 센 형들이야! 대들지 마…"

그러나 경민이는 형들을 똑바로 쳐다보면서 계속 대꾸했습니다.

"우리는 어린 학생이라서 가진 것도 없구요, 있어도 형들한테 줄 이유가 없어요. 자꾸 그러면 경찰에 신고할 거예요!"

"하, 이 꼬마가 우리한테 대드는 걸?! 좋아, 가진 거 없어? 우리가 주머니 뒤져서 10원 나올 때마다 열대씩 맞는 거다?!"

그러면서 한 중학생이 경민이의 호주머니와 가방을 마구 뒤졌습니다. 가방에서 1000원이 나오자 경민이를 마구 쥐어박았습니다.

"으앙~! 내 돈이야. 얼른 내놔!"

마침내 경민이가 울음을 터뜨리자 용수는 잽싸게 도망쳐서 근처의 지구대로 달려갔습니다.

"아저씨, 저기, 어떤 중학생 형들이 내 친구를 알겨먹고 있어요! 혼 좀 내주세요, 네?"

신고를 받은 경찰아저씨는 용수와 함께 서둘러 놀이터로 달려갔습니다.

'알겨먹다'는
'남의 재물 따위를 좀스러운 말과 행위로 꾀어 빼앗아 가지다'라는 뜻의 재미있는 우리말입니다.

엉겁결

　마을에서 소문난 황부자의 집에 도둑이 들었습니다.
　"모두 모여라! 어제 벽장 안에 넣어둔 금 두꺼비가 감쪽같이 없어졌다. 도둑을 잡아야겠다!"
　하인들은 모두 깜짝 놀랐습니다. 마침 황 부자 가족들은 어제 마을에 잔치가 있어 집을 비웠던 것입니다. 주인이 없는 사이에 귀한 물건이 없어졌으니 도둑 누명은 고스란히 하인들이 쓰게 된 것입니다.
　"마당쇠, 너는 어제 무슨 일을 했느냐?"
　"예, 저는 하루 종일 소를 몰고 뒷산에서 풀을 먹였습니다요, 언년이랑 같이 갔습니다요!"
　이번에는 돌쇠에게 물었습니다.
　"돌쇠, 넌 어제 뭘 했느냐?"
　돌쇠는 대답을 잘하지 못하고 우물쭈물 거렸습니다.
　"저, 저는 어, 어제… 저…"

황 부자는 돌쇠를 수상하게 생각했습니다.

"네 놈이 평소에 약간 어리숙해서 의심을 안 했는데 아무래도 네가 수상하다!?"

그러자 얼굴이 하얘진 돌쇠가 바닥에 무릎을 꿇었습니다.

"죄송합니다요, **엉겁결**에 그만…안방마님이 외출하시며 벽장 안에 든 헌 옷들을 내다 버리라고 이르셔서, 가지러 갔다가 보고는 하도 탐이 나서 잠깐만 만져본다는 게…죽을죄를 지었습니다요!"

돌쇠는 순순히 용서를 빌었습니다. 그러나 인정 없는 황 부자는 돌쇠를 헛간에 가두고 호된 벌을 주었습니다.

'엉겁결'이란
'미처 생각하지 못하거나 뜻하지 아니한 순간', '자기도 미처 모르는 사이에 갑자기' 라는 뜻의 우리말입니다.

엉너리

며칠 동안 아무 것도 먹지 못해 몹시 배고픈 멧돼지가 있었습니다.

"어디서 먹을걸 구한담?"

멧돼지는 한밤중에 마을로 내려와 동물농장으로 다가갔습니다.

때마침 농장 입구에는 겁쟁이 너구리 한 마리가 어슬렁거리고 있었습니다. 너구리를 발견한 멧돼지는 군침을 흘리며 다가갔어요.

"이렇게 반가울 때가 있나?! 너 참, 먹음직스럽게 생겼구나!"

멧돼지의 소리에 놀란 겁쟁이 너구리는 태연한 척 이렇게 말했어요.

"멧돼지님, 조금만 기다려보세요! 제가 더 맛있는 먹이가 있는 곳을 알려 드릴게요!"

너구리는 허둥거리며 닭장으로 멧돼지를 안내했어요.

"멧돼지님, 보세요! 이렇게 맛있는 닭들이 가득하잖아요? 다 드셔도 돼요!"

"그래? 그럼, 문을 열어봐! 그래야 먹든지 말든지 할 거 아냐?"

겁쟁이 너구리는 서둘러 닭장의 허름한 바람 막을 물어뜯기 시작했어요.

"조금만 기다리세요, 조금만! 곧 열어드릴게요! 헤헤-!"

그러나 다음 순간, 너구리는 비명을 지르며 발버둥을 치기 시작했어요.

알고 보니 닭장 근처에는 사나운 짐승이 접근하지 못하게 하려고 날카로운 덫을 쳐놓았던 것이에요.

"쳇! 바보 같은 녀석, 저 살겠다고 엉너리치더니만 거참 고소하다!"

멧돼지는 비겁하게 목숨을 아끼려다 덫에 걸린 겁쟁이 너구리를 비웃으며 다른 곳으로 먹이를 구하러 가버렸답니다.

'엉너리란
'남의 환심을 사려고 어벌쩡하게 서두르는 짓'을 뜻하는 재미있는 우리말입니다.

에누리

"자자, 골라 골라! 원피스가 단돈 만 원! 공짜 공짜!!"

시장 골목에 옷장수가 나타났습니다.

"정말 만 원이에요?"

"밑지고 파는 장사에요! 공장이 부도가 났거든! 골라 골라!!"

옷장수는 목이 쉬도록 골라 골라를 외쳤습니다.

"엄마, 저 옷이 만원이면 싼 거야, 비싼 거야?"

어머니와 함께 그 곁을 지나던 정순이가 여쭈었습니다.

"글쎄다, 저 사람이 양심적이라면 싼 거고, 그게 아니라면 **에누리**를 할 수도 있을 거야!"

정순이와 어머니는 먹자골목으로 들어섰습니다. 그런데 그곳에서도 왁자지껄한 소란이 일고 있었습니다.

"너, 이 녀석! 이번에도 거짓말이면 **에누리**도 없어!?"

국밥집 아주머니가 배달하는 청년의 멱살을 잡고 이렇게 으름장을 놓고 있었습니다.

"아, 정말이에요. 가보니까 그새 문 닫고 이사 갔대요! 누굴 도둑놈으로 아세요?! 저도 **에누리** 없이 말씀드린 거예요!"

알고 보니 국밥집 배달 청년이 종종 배달 음식 값을 떼먹곤 했는데, 이번에는 배달 갔던 집에 음식 값을 받으러 가보니, 그새 음식을 시켜먹은 사람이 사라졌다는 것입니다.

에누리는

1. 받을 값보다 더 많이 부르는 물건값, 2. 실제보다 깎거나 보태어 말함, 3. 물건 값을 깎는 일, 4. 용서하거나 사정을 봐주는 일, 등의 뜻으로 쓰이는 우리말입니다. 여기서 정순이 어머니가 말하는 에누리는 3의 뜻, 국밥집 아주머니가 말하는 에누리는 4의 뜻, 청년이 말하는 에누리는 2의 뜻으로 쓰였습니다.

옹알이

"엄마, 유진이가 뭐라고 하는 것 같아요!"

가족들 옆에 누워있던 젖먹이 동생 유진이가 무어라고 중얼거리는 소리를 들은 오빠 호진이가 귀를 쫑긋하며 말했습니다.

"호호, 그러네. 얘가 벌써 **옹알이**를 하나 보다!"

기저귀를 갈아주시던 어머니도 흐뭇하게 웃으셨습니다.

"**옹알이**가 뭐에요? 중얼거리는 거 말인가요?"

"그래, 우리 유진이처럼 아직 말을 못하는 아기가 혼자 입속말처럼 자꾸 저렇게 소리를 내는 것을 가리키는 말이야."

어머니의 설명에 유진이는 재미있다는 듯 고개를 끄덕였습니다.

"저도 아기 때는 말을 한 게 아니라 옹알이를 했겠네요?"

"그럼! 아기들은 다 똑같아!"

"옹알이를 빨리 시작하면 말도 빨리 배우나요?"

옆에 있던 누나 서진이도 어머니께 물었어요.

"글세다…남자아이들보다는 여자아이들이 말을 좀 더 빨리 시작하기는 하는데, 옹알이를 빨리 시작하는 것과 말을 빨리 배우는 것과는 어떤 관계가 있는지는 잘 모르겠네…아무튼 점점 자라면서 가족들이 하는 말을 듣고 아기들도 말을 배우게 되는 거란다."

그러자 호진이가 진 짓 걱정스레 말을 이었어요.

"말을 언제 할지는 모르겠지만, 내 동생 유진이가 아주 튼튼한 어린이가 될 것은 틀림없어요! 왜냐하면요, 지금 내가 과자 먹는걸 보면서 막 뭐라고 하잖아요…아마 자기도 먹고 싶으니까 좀 달라는 소리 같아요. 조금만 더 크면 모조리 빼앗아 먹으려고 들지 않을까 걱정이에요!"

'옹알이'란
'아직 말을 못하는 어린아이가 혼자 입속말처럼 자꾸 소리를 내는 짓'을 가리키는 재미있는 우리말입니다

윤슬

등대는 밤중에 배들이 안전하게 바다를 지나도록 바닷길을 밝혀주는 등불입니다. 호영이 아버지는 등대를 지키는 일을 하십니다.

"엄마, 방학하면 아버지 만나러 가는 거죠?"

호영이는 어머니와 함께 육지에서 살고 있습니다. 호영이의 학교도 어머니의 직장도 그곳에 있기 때문입니다. 그래서 호영이네 가족은 자주 만날 수가 없습니다.

"우리 호영이 그동안 많이 컸구나? 학교도 잘 다니고?!"

"네! 아빠도 건강하세요?"

호영이는 오랜만에 만난 아버지에게 매달려 신이 났습니다. 그렇지만 한편으로는 속이 상했습니다.

"나도 아버지랑 같이 살고 싶어요! 집으로 같이 가요, 네?!"

아버지는 호영이에게 미안해서 아무 말도 하지 못했습니다. 그날 오후 무렵, 호영이네 가족은 바닷가 언덕에서 그동안 있었던 일들을 서로 이야기하며 즐거운 시간을 가졌습니다.

"아빠는 여기가 뭐가 좋으세요? 마음대로 육지에 갈 수도 없고 맛있는 것도 잘 먹지도 못하고 또 가족들과도 떨어져 있고…"

울적해하는 호영이의 어깨를 쓸어안으며 아버지가 말씀하셨습니다.

"호영아, 저기를 봐, 저 바다의 윤슬이 얼마나 아름다운지 모르지? 깜깜한 밤중에 바다를 지나는 배들한테는 그 아름다운 물결도 잘 보이지 않는단다. 그래서 등대의 작은 불빛이 길안내를 하는 거야. 우리 호영이도 이 세상의 등불, 바다의 등대 같은 사람이 되었으면 좋겠구나!"

'윤슬'이란
'햇빛이나 달빛에 비치어 반짝이는 잔물결'을 뜻하는 아름다운 우리말입니다.

자발없다

"엄마! 우리 오늘 놀이공원 간다고 하지 않으셨어요? 맞죠?!"

일요일 아침, 밥을 먹던 기정이가 문득 생각난 듯 이렇게 물었어요.

"얼른 가요!! 아직 늦지 않았어요!!"

당황한 어머니가 잠시 후 이렇게 핑계를 댔어요.

"어쩌지…오늘은 장독대 청소를 해야 된단 말이야. 그래야 맛난 장을 담글 거 아니니…놀이공원은 다음에 가자, 응?"

"안돼요!! 12시 전에만 가면 오후 몇 시간은 놀 수 있어요! 얼른, 얼른!!"

"어휴…저 참을성 없는 녀석 고집을 어떻게 꺾나…알았어…"

그러면서도 어머니는 조금이라도 시간을 끌어볼 생각으로 장독대 청소를 시작했어요. 크고 작은 항아리들을 열어 깨끗하게 씻고 자리를 옮기기도 하는 것을 본 기정이가 답답한 듯 팔을 걷어붙이며 다가왔어요.

'아, 100개는 되겠네…저 많은 걸 언제 다 닦지? 내가 도와서 얼른 끝내시도록 해야겠다…그래야 놀이동산에도 빨리 가지…어서 어서…'

"엄마, 이건 어떻게 할까요? 어서요, 작은 항아리들은 같은 것끼리 모으면 돼요…? 어, 어어…."

다음 순간, 손이 미끄러지는 바람에 기정이는 항아리 하나를 떨어뜨리고 말았어요. 뒤이어, 와장창창…창창… 그 항아리가 또 다른 항아리에 부딪치며 뒤이어 몇 개의 항아리들이 연달아 깨어지고 말았어요.

"아이고 세상에!! 아침부터 **자발없이** 굴더니 쪼끄만 녀석이 돕기는 뭘 도와? 당장 저리 못 가? 이렇게 큰 사고를 쳤으니 오늘 놀이공원은 못가겠다! 너도 인정하지?"

어머니의 호통에 기정이는 뒤통수를 긁적이며 물러나고 말았어요.

'자발없다'는
'행동이 가볍고 참을성이 없다'는 뜻으로 쓰이는 재미있는 우리말입니다.

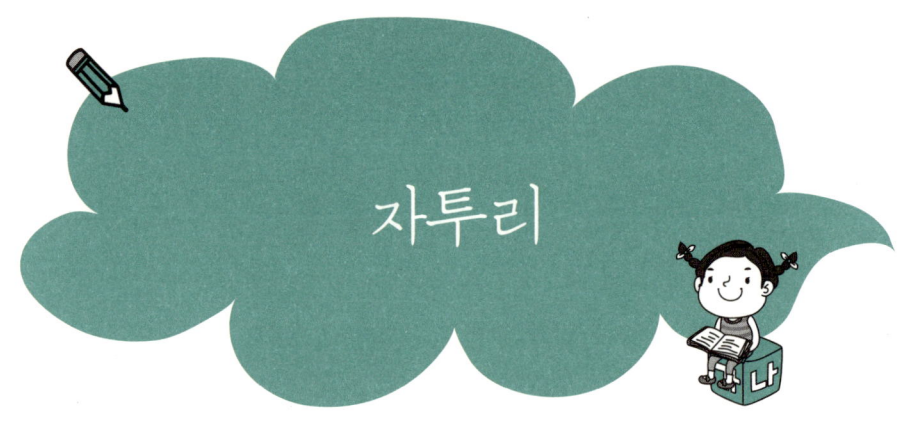

자투리

"다음 시간에는 예쁜 조각보를 만들 거니까, 옷감을 구해오도록!"

선생님이 종례시간에 말씀하셨어요.

"조각보가 뭐예요, 선생님?"

"옷감은 어디서 구해야 되나요??"

아이들은 궁금한 점을 선생님께 여쭈어 보았어요.

"옷감은 시장에 가면 구할 수 있고, 조각보는 여러 가지 천을 이어 붙여서 만든 보자기에요. 그럼, 준비물 잘 챙겨오세요!"

아이들은 벌써부터 다음 주 가사시간이 기다려졌어요. 생전 처음으로 자기 손으로 바느질을 해서 무엇을 만드는 거니까요. 마음이 급한 선미와 은정이는 다음날 옷감을 구하러 시장의 옷감 상점에 갔어요.

"저… 옷감을 살 건데요, 얼마에요?"

아이들이 우물쭈물하자 주인아주머니가 물었어요.

"옷감을 살 거니? 뭘 만들 건데?"

"조각보를 만들 거예요, 학교에서요."

"조각보? 그러면… 여러 가지 천이 필요하겠구나?"

여러 가지를 사야 한다는 말에 아이들은 가슴이 철렁했어요. 돈이 많이 들면 어쩌나 하는 생각이 들었거든요.

그런데 주인아주머니가 웃으며 이렇게 말씀하셨어요.

"조각보는 작은 천 조각을 이어 만드는 거니까, 저쪽 상자에서 자투리를 찾아보렴. 마음에 드는 게 있으면 그냥 가지고 가도 된다."

그래서 선미와 은정이는 갖가지 옷감조각들을 구했습니다.

자투리란

1.자로 재어 팔거나 재단하다가 남은 천의 조각, 2.어떤 기준에 미치지 못할 정도로 작거나 적은 조각을 가리키는 우리말입니다. 여기서는 1의 뜻으로 쓰였습니다. 반면, '자투리시간을 잘 활용하여 취미생활을 한다'고 할 때의 '자투리'는 2의 의미로 쓰인 예입니다.

잠투정

"휴일이라 사람이 많으니까, 조심해서 타야 한다."

원철이는 아빠 엄마와 함께 서울공원에 다녀오는 길입니다. 전철을 기다리며 아버지가 원철이에게 이렇게 주의를 주었습니다.

"네, 아빠, 원정이도 기분이 좋은가 봐요. 울지도 않고 얌전해요."

원철이가 유모차에 탄 동생 원정이를 보며 말했습니다.

"이 어린 녀석도 바람 쐬니까 기분이 남다른가봐? 그러냐, 원정아?"

아빠도 유모차를 흔들어주며 아기에게 말을 걸었습니다.

오후가 되어 집으로 가는 전철 안에는 많은 사람들이 북적거렸습니다. 제대로 놓을 공간도 부족해서 유모차를 접어세운 뒤, 원정이는 엄마 등에 업히게 되었습니다. 시간이 갈수록 전철 안은 더욱 많은 사람들로 점점 채워져 갔습니다. 아직 초등학생인 원철이도 어른들 틈에 끼여 서 있는 게 힘들고 불편했지만 참을성 있게 아빠 손을 붙잡고 있었습니다.

그런데 잠시 후, 엄마에게 업혀있던 원정이가 칭얼대기 시작했습니다.

"응…그래…괜찮아…조금만 참자, 원정아…착하지…"

어머니는 아이 등을 토닥이며 얼러주었습니다. 하지만 원정이는 더욱 큰 소리로 울며 보채기 시작했습니다. 엄마 아빠는 조바심을 내며 달래보았지만 소용이 없었습니다. 아기 얼굴을 들여다 본 아빠가 말했습니다.

"얘가 졸린가 봐, 잠을 잘 거 같은데…"

그때, 좌석에 앉아 있던 할머니가 자리를 양보하며 이렇게 말했습니다.

"애기 엄마, 애가 잠투정하는 모양인데 여기 앉아서 편히 재워요…난 이제 내린다우."

할머니의 양보 덕분에 어머니는 원정이를 좀더 편히 재울 수 있었습니다.

'잠투정'이란
'어린아이가 잠을 자려고 할 때나 잠이 깨었을 때 떼를 쓰며 우는 짓'을 표현한 우리말입니다.

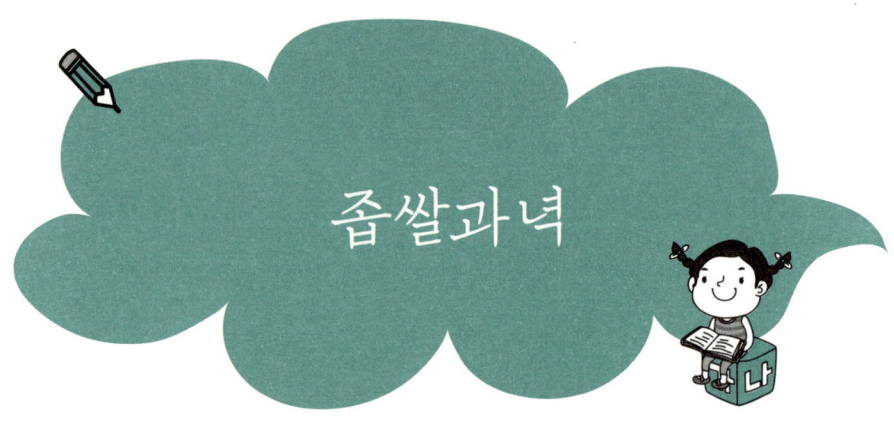

좁쌀과녁

일요일 오후에 현주는 어머니를 따라 미장원에 갔습니다.

예약 시간보다 일찍 도착한 현주와 어머니는 소파에 앉아 순서를 기다리고 있었습니다.

"엄마, 나도 미용사가 되고 싶어요…사람들 머리를 예쁘게 만들어 주는게 멋진 일 같아요."

"그래? 남의 머리 만져줄 생각하기 전에 네 머리나 자주 감지 그러냐? 무슨 여자애가 머리 감는 걸 그렇게 싫어 하니?"

"치, 엄마는…물도 아끼고 샴푸 많이 안 쓰니까 지구 환경보호에도 좋잖아요? 다 우리 지구를 위해 그러는 건데…"

현주가 어머니와 이런 이야기를 나누고 있을 때 한쪽에서 시끄러운 소리가 들려왔어요. 미용사에게 머리 손질을 맡긴 손님의 화난 목소리였어요.

"이게 뭐에요? 머리를 이렇게 해놓으니까 얼굴이 너무 커 보이잖아요?? 제가 언제 이렇게 해달라고 했어요? 아 짜증나~!"

"손님 죄송합니다…그런데 주문하신 스타일은 맞거든요…어쩌죠…"

미용사는 당황하여 어쩔 줄 몰라 할 뿐이었습니다.

"뭐라구요?! 제가 언제 얼굴 커 보이는 스타일을 해달라고 했어요? 어쨌거나 제 마음에 들지 않으니까 오늘은 돈 못 내겠어요, 흥!!"

결국 이렇게 화를 내고 나가버리자 주위 손님들이 혀를 차며 이렇게 쑥덕거렸어요.

"어휴, 자기 얼굴 큰 거는 생각 안하고 무슨 소리야? 황당하다…"

"얼굴이 **좁쌀과녁**이구만…어떤 머리를 해도 운동장만한 얼굴 크기는 변할 수 없는 거잖아요?!"

그 소리를 들은 현주가 자기 얼굴을 어루만지며 어머니께 속삭였어요.

"얼굴이 큰 사람을 **좁쌀과녁**이라고 하나 봐요, 엄마…ㅋㅋ"

'**좁쌀과녁**'은
'좁쌀같이 작은 물건을 던져도 빗나가지 아니하고 잘 맞는 과녁'이라는 뜻으로, '얼굴이 매우 큰 사람을 비유적으로 이르는 재치 있는 우리말입니다.

좌뜨다

"발명가 임철진! 어디 있지?"

아침 조회시간에 교실로 들어오신 담임선생님이 철진이를 찾으셨어요.

"네? 저… 여기 있는데요…?"

엊그제부터 생각한 설계도를 머릿속으로 떠올리며 멍하니 앉아있던 철진이는 깜짝 놀라 머뭇거리며 대답했어요.

"철진이 이리 나와 봐라! 얘들아, 우리 철진이가 이번 전국 발명품 대회에서 우수상을 받았단다! 모두들 축하해주자, 박수~!"

"우와~! 임철진, 축하해!!!"

"야, 내 친구 최고~!"

선생님의 설명에 반 아이들도 기뻐하며 박수와 환호를 보내주었어요.

얼떨결에 앞으로 불려나온 철진이는 모두의 뜨거운 반응에 당황하여 뒤통수만 긁적거렸어요.

"이번 발명품은 어떤 건지 설명해줄 수 있겠니?"

선생님의 부탁에 철진이는 쑥스러운 마음을 다독이며 입을 열었어요.

"음…저는 평소에 깡통에 담긴 참치를 좋아하는데요, 그 깡통을 제 힘으로 열기에는 좀 아쉬운 점이 있었어요…잘못하면 손을 베일 것 같고 어떤 때는 뚜껑이 열리지도 않은 채 꼭지만 떨어져버리기도 하고요…그래서 어떻게 하면 좀 더 쉽게, 우리 같은 아이들도 안전하게 통조림을 딸 수 있을까 생각하다가 그런 것을 만들게 됐어요."

"어머! 정말이니? 맞아, 선생님도 깡통을 열다가 손가락을 다친 적이 있어. 그 쇠붙이가 매우 날카롭거든! 그러니까 그걸 안전하게 따는 도구를 네가 처음으로 생각해낸 거구나?!"

철진이의 설명을 들은 선생님은 고개를 끄덕이며 이렇게 덧붙이셨어요.

"우리 철진이가 정말로 **좌뜨구나!** 그렇게 기발한 발명품을 만들어내다니! 훌륭하다!"

'좌뜨다'라는 표현은
'생각이 남보다 뛰어나다'는 뜻으로 쓰이는 재미있는 우리말입니다.

주전부리

'Let it go~ Let it go~~!'

연아네 가족은 겨울방학을 맞아 한창 인기 있는 애니메이션 영화를 보러 극장에 갔습니다.

"와, 재미있겠다! 너무 기대돼~! Let it go~~!"

연아는 자리에 앉아서도 설레는지 계속 주제가를 흥얼거렸습니다.

"이 영화, 꼬마 아기들이나 보는 거 아니냐? 넌 중학생이나 돼가지고 무슨 만화영화를 본다고 그러냐?"

대학생 오빠가 팝콘을 씹으며 연아를 놀리듯 말했습니다.

"무슨 소리야? 내 친구들도 다 봤는데, 애니메이션은 어린애들이나 보는 건 줄 알아? 그런 오빠는 대학생씩이나 돼가지고 왜 따라왔어, 그럼? 흥!"

"난 이따 친구 만나야 되는데 할 일이 없어서 그냥 따라온 거지…엄마가 보여주시는 거니까…그냥…심심해서…히히…"

"아무튼…영화 볼 때는 조용히 해야 돼, 팝콘 소리 시끄럽게 내지 말고!"

마침내 불이 꺼지고 영화가 시작되었어요. 아름다운 노랫소리와 동화 같은 애니메이션 장면들이 화려하게 펼쳐졌어요. 연아는 정신없이 영화 속으로 빠져 들어갔어요. 그러면서도 한편으로는 옆에서 나는 소리에 신경이 쓰였어요. 영화가 끝난 후 연아가 오빠를 째려보며 말했어요.

"어휴, 오빠 땜에 신경 쓰여 죽을 뻔 했어! 바로 옆에서 팝콘 씹고 콜라 마시고…영화 하는 내내, 뭘 그렇게 부스럭거리는 지…짜증나서 뛰쳐나가려다가 참았다고!!"

그러자 어머니도 한 말씀 하셨어요.

"그래, 넌 무슨 애가 영화 보러 와서 영화는 안 보고 그렇게 **주전부리**를 해 대니? 누가 보면 며칠 굶은 줄 알겠다! 그러니까 그렇게 살이 찌지…"

'주전부리'는
'때를 가리지 아니하고 군음식을 자주 먹음, 또는 그런 입버릇'을 뜻하는 우리 말입니다.

주리팅이

어느 산동네에 가난한 어머니와 아들이 살았어요. 서른 살이 넘은 아들은 지능이 일곱 살 정도 밖에 되지 않았어요. 그래서 생계는 늙은 어머니가 책임져야 했어요.

"우리 범수가 조금만 똑똑해도 내가 이렇게까지 걱정하지 않을 텐데…"

칠순이 가까운 어머니는 공공근로를 하거나 산에서 캔 나물을 시장에 내다 팔 때도 늘 아픈 아들 걱정뿐이었어요.

어느 날, 나물을 팔고 돌아오던 어머니는 달려오던 오토바이에 치여 크게 다치고 말았어요. 그 뒤로 한동안 자리에 누워 지내는 바람에 기초생활지원금은 약값과 방세를 해결하기에도 부족했어요.

"더 이상 누워있을 수가 없어…저 불쌍한 자식을 누가 돌봐주겠나…"

어머니는 아픈 허리를 부여잡고 산나물을 캐어, 오가는 사람이 많은 지하철 입구로 팔러 갔어요. 하지만 아무도 거들떠보지 않았어요. 해가 지고 집으로 돌아갈 시간이 되었으나 하나도 팔지 못한 어머니는 다급한 마음에 지나가는 사람을 붙들고 사정했어요.

"정말 미안하지만 이 나물 좀 사주세요…정말 죄송합니다, 도와주세요…"

어머니가 구걸하듯 매달리자 지나던 사람은 이렇게 투덜거렸어요.

"아니…멀쩡하신 분이 부끄러운 줄도 모르고 먹지도 못할 이런 잡초 같은 걸 팔아달라고요?!"

"네네…저는 **주리팅이**도 없는 사람입니다. 제 아들 배곯는 게 제일 무서운 어리석은 어미일 뿐입니다…정말 죄송합니다…나물 좀 팔아주세요…"

마침, 지나치며 그 소리를 들은 중년부인이 다가와 손을 내밀었어요.

"그 나물 제가 살게요…부모가 자식을 위하는 일인데 뭐가 부끄럽겠어요…저라도 이렇게 할 거예요…아주머니, 제가 다 살테니 어서 가보세요…"

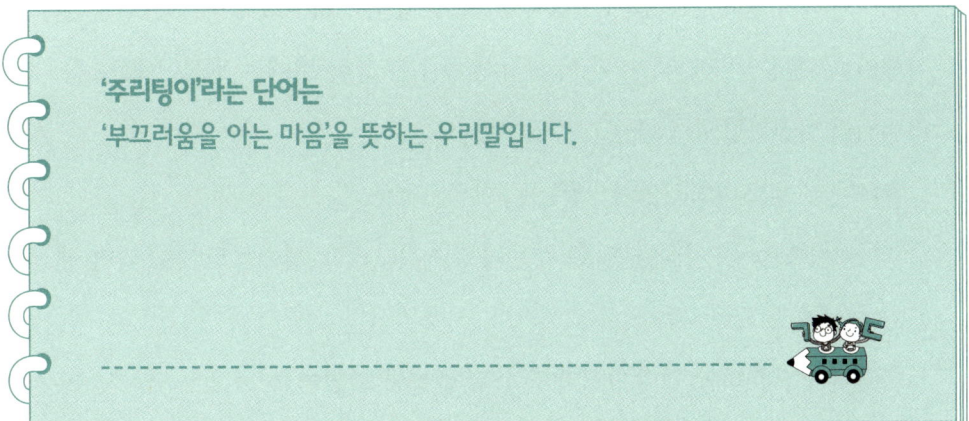

'주리팅이'라는 단어는
'부끄러움을 아는 마음'을 뜻하는 우리말입니다.

직신거리다

"우와~! 루브르다! 사진으로 본 유리 피라미드가 진짜 있네?!"

은정이네 가족은 여름방학을 맞아 유럽을 여행 중입니다. 마지막 목적지인 프랑스 파리에 도착한 은정이네는 세계 3대 박물관의 하나인 루브르 박물관에 왔습니다.

"여기가 루브르 정문인데 '유리 피라미드'는 1989년 중국계 미국인 건축가가 설계한거야. 당시에는 반대가 컸지만 지금은 루브르의 상징이 됐지."

어머니의 부연설명과 함께 은정이 가족은 박물관 내부로 들어가 관람을 시작했어요. 은정이와 달리 아직 어린 동생 은수는 그런 것에는 관심이 없는 듯, 아버지의 바짓가랑이를 붙들고 칭얼거렸어요.

"아빠…나 과자 먹고 싶어…얼른 사줘요…얼른…"

"방금 전에 늦은 아침을 먹고 왔는데 뭐가 또 먹고 싶어? 점심때 되면 샌드위치 사줄게. 조금 참아…"

어머니가 단호하게 말씀하시자 은수는 울상이 되었어요.

"아빠…나 집에 갈래…다리 아파요…재미없어…집에 가자…"

아버지는 은수를 업어주기도 하고 안아주기도 하면서 달래주었습니다. 하지만 은수는 계속 아버지를 귀찮게 하였습니다.

어느덧 〈모나리자의 미소〉 앞에 도착했을 때, 보다 못한 어머니가 이렇게 호통을 치셨어요.

"이 녀석아, 왜 이렇게 **직신거리니**? 그렇게 가고 싶으면 너 혼자 가! 네가 아직 어려서 그런 건 알지만, 언제 다시 올 수 있을지 알 수 없는 루브르에 와서 왜 그렇게 철없이 구는 거야? 조금만 참으라구!"

그러자 아버지가 은수를 감싸 안아올리며 대꾸했어요.

"아직 다섯 살밖에 안된 애가 뭘 알겠어? 그동안의 여행이 힘들어서 많이 지쳐 그러는 거지…애가 **직신거리긴** 뭘 직신거렸다구 그래?"

'**직신거리다**'는
1.짓궂은 말이나 행동으로 자꾸 귀찮게 굴다, 2.지그시 힘을 주어 자꾸 누르다 의 뜻이 있는데, 여기서는 1의 뜻으로 쓰였습니다.

집알이

아침부터 혜교네 집은 온가족이 분주합니다.

얼마전, 서울을 벗어나 조용한 교외지역으로 이사한 집으로 손님들을 초대했거든요.

"애들아, 너희가 쓰는 2층과 각자의 방 청소 제대로 해야 한다!"

어머니는 주방 일을 하는 틈틈이 자녀들에게 이렇게 단단히 일렀습니다.

"누가 우리들 방까지 구경하실까요? 그냥 평소대로 하면 되는 거 아니에요?"

대학생인 혜교 오빠는 초등학생인 혜교와 달리 시큰둥했습니다.

"어쨌거나 새로 집짓고 이사 와서 제대로 쓸고 닦고 할 기회는 오늘이 처음이잖니, 그동안은 짐 정리하느라고 못했으니까 집들이하는 날 한번 제대로 청소 좀 하자!"

어머니의 잔소리에 아버지도 한술 거들었습니다.

"그래, 엄마 말씀대로 하자…언제 또 청소를 이렇게 열심히 하겠냐?"

아버지는 마당과 집주변을 정리하고 테라스에 준비된 테이블 위로 넓은 파라솔을 펼쳐 강한 햇볕아래 그늘을 만들었습니다.

잠시 후, 자동차소리에 이어 마당을 지키는 개 짖는 소리가 들려왔습니다. 혜교네 가족들이 마중을 나가자 친척들이 차에서 내리며 유쾌하게 인사를 건넸습니다.

"아, 집 좋네요! 뒤에는 산이 있고 저 앞 멀리로는 강이 흐르고요…이렇게 좋은 곳으로 **집알이**를 오게 돼서 정말 기쁘네요!"

"정말 주변 경치도 좋고 집도 예쁘고 부럽다~!"

"집이 이 정도는 돼야 **집알이**하는 맛이 나지! 혜교는 좋겠네?"

그러자 혜교가 인사를 건넸습니다.

"헤헤, 어서 오세요~! 여기가 혜교네 집입니다요~!"

'집알이'는
'새로 집을 짓거나 이사한 집에 손님입장으로 집 구경 겸 인사로 찾아보는 일'입니다. 참고로, '집들이'는 손님을 초대한 주인이 쓰는 말입니다.

짜발량이

얼마 전, 사거리에서 큰 교통사고가 났습니다.

어두운 밤중에 학교에서 늦게 돌아오는 손자를 마중하기 위해 횡단보도를 건너던 할아버지가 뺑소니 차에 치이고 말았습니다.

"할아버지! 정신 차리세요, 할아버지~!"

때마침 버스에서 내려 길을 건너던 손자가 길바닥에 쓰러져있는 할아버지를 발견하여 병원으로 옮겼습니다. 할아버지는 며칠 만에 겨우 깨어났으나 온몸은 만신창이가 되었습니다.

"돈이 없어서 오래 입원하지 못할 것 같아요…"

손자와 단둘이 살던 할아버지는 병원비가 없어서 곧 퇴원해야했습니다. 거동이 불편하게 된 할아버지 대신 생계를 떠맡게 된 손자는 학교를 그만두었습니다. 그리고 아침저녁으로 신문배달, 우유배달, 편의점 아르바이트 등을 하며 열심히 돈을 벌었지만 형편은 나아지지 않았습니다.

"어휴…쟤 할아버지가 얼마 전에 뺑소니 사고를 당해서 아주 **짜발량이**가 되어버렸다지 뭐야?!"

"어쩌나…고등학교도 다 마치지 못하고 저렇게 열심히 일해 봐야 할아버지 약값으로 다 들어 갈 테고…뺑소니를 잡아야 할 텐데…츠츠…"

동네 사람들은 이렇게 혀를 차며 안타까워했습니다.

이것저것 열심히 일하는 틈틈이 손자는 한 푼이라도 더 벌기 위해 폐지나 고물을 수집하는 일도 마다하지 않았습니다. 사방팔방 누비고 댜니며 모은 폐지를 고물상에 가져갔습니다. 고물상 주인이 폐지 값을 쳐주며 이렇게 귀띔해주었습니다.

"경진아, 못 쓰는 양은냄비나 찌그러진 솥단지 같은 **짜발량이**들도 보면 가져와라! 그런 것들도 돈이 된단다!"

'짜발량이'란
'짜그라져서 못 쓰게 된 사람이나 물건'을 가리킬 때 쓰는 재미있는 우리말입니다. 여기서 앞의 짜발량이는 할아버지를 가리키는 것이고, 뒤의 짜발량이는 못쓰게된 물건을 가리키는 것입니다.

짬짜미

아침에 현관문을 나서던 남편이 생각난 듯 이야기했어요.

"아차, 오늘 퇴근 후에 초상집에 가야 돼서…새벽에나 들어올 거 같은데…내일이 토요일이라 다행이지…"

"어머, 누가 돌아가셨어요?"

아내가 놀라 되물었어요.

"응…내 중학교 동창…민수 아버님이 돌아가셨다고 어제 연락이 와서, 오늘 저녁에 동창들이랑 같이 가기로 했으니까, 기다리지 말라고."

"알았어요, 잘 다녀와요!"

다음날 새벽, 그날따라 일찍 잠이 깬 아내는 창밖이 훤히 밝아올 즈음 모아놓은 재활용품들을 가지고 아파트마당 한쪽 분리수거장으로 향했어요.

"할 일은 일찌감치 해버려야지…"

재활용품을 분리수거함에 골라 넣고 있을 때, 아직 어스름한 새벽공기를 가르며 근처 주차장으로 승용차 한 대가 들어오는 게 보였어요. 그 차의 주인은 남편이었어요. 아내가 반가운 마음에 멀리서 바라다보고 있을 때, 차에서 내린 남편은 미처 아내를 보지 못한 채 승용차 트렁크를 열고 낚시도구들을 정리하기 시작했어요.

'아니, 저 사람이…동창 아버지가 돌아가셨다더니…밤새 어디 가서 낚시질을 하고 왔단 말이야? 세상에…'

진실을 알게 된 아내는 약이 올라 남편의 승용차로 쫓아갔어요.

"여보! 지금 어디 갔다 오는 거예요? 누굴 바보로 알고 그런 짬짜미를 부려요?!!"

갑작스런 아내의 등장에 남편은 깜짝 놀라고 말았어요.

"앗 깜짝이야!! 이 새벽에 뭐하는 거야? 어딜 가긴 어딜 가…초상집에…"

"시끄러워요!! 초상집 좋아하시네! 트렁크에 낚시도구 챙겨 넣는 거 다 봤어요! 요새는 초상집에서도 밤낚시를 해요?! 흥!"

'짬짜미'란
'남모르게 자기들끼리만 짜고 하는 약속이나 수작'을 뜻하는 재미있는 우리말입니다.

쭉정이

대부분의 마을 사람들이 농사를 짓는 양지마을에는 논이 많았습니다. 그런 양지마을에 이번 여름이 지나고 가을에 장마가 졌습니다.

"하이고, 9월에 무슨 비가 이렇게 많이 온대요?!"

사람들은 하늘을 쳐다보며 한숨만 쉬었습니다. 3일 동안 쉬지 않고 비가 내려 수 많은 논의 벼들이 모두 빗물에 쓰러져버렸습니다.

"1년 농사를 완전히 망쳐버렸어! 어떻게 하지?"

사람들은 조금이라도 벼를 일으켜 세우려고 노력했지만 헛수고였습니다. 논뿐이 아니라 과실이 열리는 과수원들도 큰 피해를 입었습니다.

"과일이 비바람에 모두 떨어져버렸어! 남은 것도 모두 **쭉정이** 뿐이야!"

그 후, 마을의 몇몇 사람들은 아예 농사를 포기하고 술이나 마시며 슬픔에 빠져 지냈습니다.

"건질 수 있는게 하나도 없어요! 난, 이제 끝이에요!"

특히 복길이 아버지는 하나뿐인 소까지 떠내려 가버렸던 것입니다. 그래서 매일 술로 슬픔을 잊으려 했습니다.

"쯧쯧, 다 같이 어려운 처지지만 복길 아버지가 더 안 됐어! 그렇다고 저렇게 술만 마시면 안 되지?!"

"사람이 완전히 **쭉정이**가 돼버렸군! 장마가 사람을 완전히 버려놨어!"

마을사람들은 저마다 혀를 찼습니다.

"사람이나 농작물이나 저렇게 제구실을 못하면 큰일인데…"

'쭉정이'란
1.껍질만 있고 알맹이는 없는 곡식이나 과일 따위의 열매, 2.쓸모없게 되어 사람 구실을 제대로 하지 못하는 사람을 비유적으로 이를 때 쓰는 우리말입니다. 앞의 쭉정이는 1의 뜻, 두 번째는 2의 뜻으로 쓰였습니다.

찬찬하다

오늘은 '해누리 아파트' 부녀회에서 주최하는 야유회 날입니다.

장소는 충청도의 어느 산자락입니다. 50여명의 아파트 주민들이 전세버스를 타고 출발했습니다.

"총무님, 우리가 먹을 점심거리 확실하게 준비된 거 맞죠?"

부녀회장이 총무에게 확인했습니다.

"그럼요, 50명이 배불리 먹고도 남을 만큼 충분합니다! 걱정마세요!"

총무는 분명하게 고개를 끄덕이며 대답했습니다.

서울에서 출발한 버스는 어느덧 목적지에 도착했습니다. 화창한 봄날의 산야에는 온갖 고운 꽃들이 흐드러지게 피어있었습니다.

"아, 정말 좋다! 꽃밭에 누운 기분이네~"

사람들은 가까운 들과 산에 핀 꽃구경에 흠뻑 빠져 즐거운 하루를 보냈습니다. 해저물녘 다시금 출발한 버스를 타고 해누리 아파트로 돌아온 뒤, 전세버스 대여료를 지불하려 할 때였습니다.

"어? 이게 어디 갔지?? 이상하네?"

돈 관리를 맡은 총무가 갑자기 당황한 듯 중얼거렸습니다. 그 소리에 놀란 부녀회장이 되물었습니다.

"무슨 일이에요?…설마…돈이 없어졌어요?!"

얼굴이 하얘진 총무는 계속 주머니들을 뒤적거렸습니다.

"틀림없이 이 속주머니에 넣어뒀거든요…도착하면 계산하려고…"

"아, 좀 찬찬히 잘 찾아보세요! 한두 푼도 아닌 돈을 어디다 두고 엉뚱한 소리를 하세요?"

그러자 옆에서 그 광경을 지켜보던 사람들이 이렇게 수군거렸어요.

"총무…저 사람이 원래 꼼꼼하지 못한 성격이에요…"

'찬찬하다'라는 표현은
'성질이나 솜씨, 행동 따위가 꼼꼼하고 자상하다'는 의미로 쓰이는 우리말입니다.

찹찹하다

소민이 동생은 장애아입니다.

태어난 지 3년이 되었지만 혼자 일어서지도 걷지도 못하고 말도 못합니다. 자리에 누운 채로 커다란 눈동자만 굴리며 가족들을 바라볼 뿐입니다.

"소민아, 엄마 아빠가 늘 호민이만 챙기니까 서운하고 속상할 때가 많지? 엄마 아빠가 많이 미안해…"

어머니가 어느 날 이렇게 말씀하셨습니다.

"음…가끔씩은 그렇기도 한데요…호민이는 아프니까요…그러니까 이해할 수 있어요. 호민이가 빨리 일어나서 같이 놀 수 있으면 좋겠어요…"

소민이의 대답에 어머니는 눈물을 흘리며 꼭 안아주셨습니다.

그러던 어느 날입니다. 호민이의 상태가 갑자기 더 나빠져서 새벽에 응급실로 실려가고 말았습니다. 그 소란에 놀라 잠에서 깬 소민이는 큰 눈을 끔벅이며 어지럽혀진 방안을 두리번거렸습니다. 이런 일은 한두 번이 아니라 별로 놀랍지도 않았습니다.

한낮이 되어서야 부모님이 호민이를 안고 집으로 돌아오셨습니다.

"엄마 아빠 이제 오세요? 호민이 다시 괜찮아진 거죠?"

소민이의 마중을 받으며 방안으로 들어선 어머니와 아버지는 그 자리에 걸음을 멈추고 말았습니다.

"어머나…새벽에 급하게 병원 가느라 이부자리랑 옷가지랑 온통 난장판으로 어질렀었는데, 그걸 다 찹찹하게 정리해놓았네! 우리 소민이 정말 대견하다!"

"허허, 녀석 다 컸구나! 물건이랑 옷가지들 차곡차곡 정리하는 것도 제법이야, 시집보내도 되겠어!"

찹찹하다는
1.포개어 쌓은 물건이 엉성하지 아니하고 차곡차곡 가지런하게 가라앉아 있다, 2.마음이 들뜨지 아니하고 차분하다, 의 두 가지 의미로 쓰입니다. 여기서는 1의 뜻으로 쓰였습니다.

책벌레

"아니, 얘는 도대체 어딜 가서 이렇게 안 오는 거야??"

안방마님은 외아들인 봉수도령이 해가 저물도록 집에 돌아오지 않아 걱정을 하고 있었습니다.

"도련님, 봉수 도련님!!"

하인들이 집 안팎으로 이름을 부르며 봉수 도령를 찾아 헤매었습니다. 그러나 보았다는 사람도 없었습니다.

"어허~이거 큰일이로구나! 집안 단속을 어떻게 하길래 3대 독자 외아들이 없어져도 모르고 있는 거요?!! 책 좋아하는 아이가 책도 안 읽고 대체 어딜 갔다는 말이오?"

집안의 어른이신 윤대감은 부인에게만 화풀이를 해댔습니다.

"제가 뭘 어쨌다고 그러세요?!"

집안이 완전히 초상집 분위기가 되어버린 바로 그때였습니다.

"왜들… 이러고 있는 거예요? 무슨 일이 있어요?"

그렇게 찾아 헤매던 3대독자 외아들이었습니다. 사람들은 모두 귀신을 본 듯 놀라 눈만 멀뚱거렸습니다.

"어디 갔다 이제 오는 거야?"

안방마님이 버선발로 뛰어나오며 물었습니다.

"저는 그냥… 집안이 너무 소란하기에 잡동사니들 넣어두는 저쪽 뒷방에서 조용히 책을 좀 읽다가 잠이들었어요…"

그제서야 사람들은 모두 안도의 한숨을 쉬었습니다.

"저런? 아무리 책이 좋다하기로 거기까지 들어가시나? 책벌레도 저런 책벌레가 어딨담!?"

제일 나이든 하인이 이렇게 투덜거리며 방으로 들어가 버렸습니다.

'책벌레'란
'지나치게 책을 읽거나 공부하는 데만 열중하는 사람을 놀림조로 이르는' 재치 있는 우리말입니다.

책씻이

한 학기가 끝나갑니다.

"자, 내일은 국어 책 한 권이 끝나는 날이에요!"

영만이네 반 아이들은 환호성을 질렀습니다.

"야, 신난다! 금방 방학이다!"

"내일 국어 시간에는 **책씻이**를 할 테니까 친구들과 나누어 먹을 간식거리를 조금씩만 가져오세요! 그리고 책씻이가 무엇인지 그 뜻도 알아오세요!"

"책씻이? 그게 뭐에요, 선생님!"

아이들은 간식거리라는 말은 금방 알아들을 수 있었지만 '책씻이'라는 말은 알 수가 없었어요.

"책을 씻는다구? 그게 간식거리와 무슨 상관이지?"

아이들이 웅성거리자 선생님은 미소를 지으셨어요. 영만이는 집으로 돌아오자마자 어머니께 내일 학교에 가져갈 간식을 해달라고 졸랐습니다.

"갑자기 웬 간식을 가져간다는 거야?"

"선생님이 책 씻는다고 간식을 먹어야 된대!"

영만이는 어머니께 씩씩하게 말했습니다.

"뭐? 책을 씻어?? 아하~ 책씻이?! 너희들도 그런 걸 하는구나?"

"그게 뭔지 알아요, 엄마? 그 뜻을 알아오는 게 숙제에요."

어머니는 **책씻이**의 뜻과 유래를 설명하신 다음 이렇게 말씀하셨어요.

"책 한권을 끝내면 다음 단계로 올라간다는 의미도 되니까 더 열심히 공부해야겠네, 우리 영만이!"

'책씻이'는
'책거리'라고도 하는데, 옛 서당의 풍습에서 '책 한 권을 다 끝내면 선생과 동무들에게 술과 떡을 내며 함께 나눠 먹는 일'을 뜻하는 아름다운 우리말입니다.

초름하다

옛날 어느 시골에 가난한 어머니와 아들이 살았습니다.

"어미는 가서 나물을 캐올테니 너는 약초를 캐오너라."

두 사람은 평소에 산에서 캔 나물과 약초를 모아다가 장날이면 함께 내다 팔았습니다.

"오늘 산에서 귀한 산삼 한 뿌리를 캤어요. 어머니가 드셨으면 해요."

어느 날, 산에서 산삼을 캔 아들은 어머니께 드리고 싶어 했지만 어머니는 고개를 저으셨어요.

"내가 그 귀한 걸 먹어서 뭐하겠니? 장에 내다 팔면 많은 돈을 벌 수 있을 텐데…그래야 네 장가 밑천을 한 푼이라도 마련할 거 아니냐?!"

어머니는 장가갈 나이가 지난 아들이 늘 걱정이었어요.

"봉수 총각이 산삼을 캤다지? 내다 팔면 큰돈이 될 텐데…왜 갖고 있대?"

"글쎄, 아들은 어머니 드시라 하고 어머니는 내다 팔라 하니까…이러지도 저러지도 못하고 있나봐…그럴 거면 나나 주면 잘 먹을 텐데 말이야…쩝!"

얼마 후, 배나무 집 딸 영애가 봉수에게 시집을 가겠다고 나섰습니다.

"뭐야? 네가 뭐가 모자라서 그런 알거지나 마찬가지인 노총각한테 시집을 가겠다는 거냐? 나는 영 **초름하다**!"

어머니가 펄쩍 뛰며 반대하시자 영애가 이야기했어요.

"산삼처럼 귀한 약초를 발견하는 것은 하늘의 뜻이에요. 그런 귀한 것을 돈으로 냉큼 바꾸지 않고, 그 부모께 드리고자 하는 마음을 보니 본성이 착하고 정직한 사람이에요. 배우자는 그런 사람이어야 한다고 생각해요."

그 말에 아버지는 고개를 끄덕이며 말씀하셨어요.

"그 집안이 **초름하여** 조금 걱정스럽긴 하다만, 네 생각이 바르니 둘이 노력하면 반드시 집안을 일으켜 세울 것 같구나!"

'**초름하다**'는
1. 넉넉하지 못하고 조금 모자라다, 2. 마음에 차지 않아 내키지 않다는 뜻으로 앞에서는 2, 뒤에서는 1의 뜻으로 쓰였습니다.

촉빠르다

"야, 완전 봄이구나! 벚꽃이 온통 흐드러지게 피었네!"

"우와, 바람이 부니까 눈이 내리는 것처럼 꽃잎이 날려요~!"

윤주네 가족은 휴일을 맞아 오랜만에 호수공원에 나왔어요.

"이야~ 이거 봐라~ 나 이제 인라인 잘 타지?!"

윤주 동생 윤도는 집에서부터 타고 온 인라인스케이트 솜씨를 뽐내며 북적이는 사람들 사이를 위태롭게 쌩쌩 달렸어요.

"조심해야지, 사람 많은 데서는!"

얼마 전 새로 산 자전거에 한껏 폼을 잡고 오른 아버지가 윤도에게 주의를 주셨어요.

"아들 걱정하실 때가 아닌 것 같은데…오늘처럼 사람 많은 데서는 좀 안 타면 안 될까요…? 두 사람 다 걱정되네…!"

남편과 아들 윤도를 눈으로 좇으며 어머니는 걱정스레 말씀하셨어요. 그러자 곁에 있던 딸 윤주가 맞장구를 쳤어요.

"맞아요…사람이 많지 않을 때는 자전거를 타든 인라인을 타든, 문제없지만 오늘처럼 나들이 나온 사람이 많을 때는 아무래도 위험할 것 같아요…저러다 사람들이랑 부딪혀서 다치게 하면 다 물어줘야 하는 거죠? 제 친구 효숙이도 얼마 전에 자전거랑 부딪혀서 팔이 부러졌어요… 사람 많은 데서는 함부로 타지 않는 것도 공중도덕심 아닐까요?"

"누가 아니래니? 윤주 네가 누굴 닮아서 이렇게 촉빠르니?!"

"촉빠른 게 뭐에요, 엄마?"

"생기 있고 재치가 빠르다는 소리야. 너처럼 똑 부러지게 맞는 말을 하는 경우에 쓸 수 있는 표현이지."

"그래요? 엄마를 닮아서 촉빠른 거겠죠?! 헤헤~!"

'촉빠르다'라는 표현은
'생기가 있고 재치가 빠르다'는 뜻으로 쓰이는 재치 있는 우리말입니다.

추리다

시골 장터에서 떡 장사로 돈을 번 떡쇠엄마는 부자였지만 심성이 곱지 않은 사람이었습니다. 툭하면 제집 일꾼에게 어려운 일을 시키고는 제대로 못한다고 구박하는 재미로 살았습니다.

"언년아, 오늘은 저 항아리에서 콩과 팥을 정확하게 **추려**놓아야 한다. 그렇지 못하면 오늘 저녁밥은 없어!"

어느 날, 어린 식모 언년이에게 이런 일을 시켰습니다. 언년이는 아무런 불평도 못하고 묵묵히 콩과 팥을 골라내기 시작했습니다.

"이런, 세상에! 농사 일 하기도 바쁜데 콩과 팥을 추려내라고? 대체 왜 그러시는 거지?"

부엌 어멈은 언년이가 불쌍해서 한마디 거들었습니다. 그러자 몰래 듣고 있던 떡쇠 엄마가 나타나 야단을 쳤습니다.

"뭐라고? 콩떡, 팥떡을 해먹으려고 그런다, 왜?"

부엌 어멈은 깜짝 놀라 얼른 부엌으로 들어가 버렸습니다. 그러자 떡쇠엄마는 엉덩이를 씰룩이며 다시 마당을 가로질러 가기 시작했습니다.

그때 콩과 팥을 **추리던** 언년이가 꾀를 내었습니다.

"마님, 여기 먼저 가려낸 콩을 가져왔습니다요…"

이렇게 말하면서 실수하는 척, 콩을 마당에 쏟아 부었습니다.

마침 마당을 걸어가던 떡쇠 엄마는 콩을 밟고 넘어지며 비명을 지르고 말았습니다.

"아이고, 사람 살려!"

그 후로 떡쇠엄마는 다시는 콩과 팥을 가려내라는 일은 시키지 않았다고 합니다.

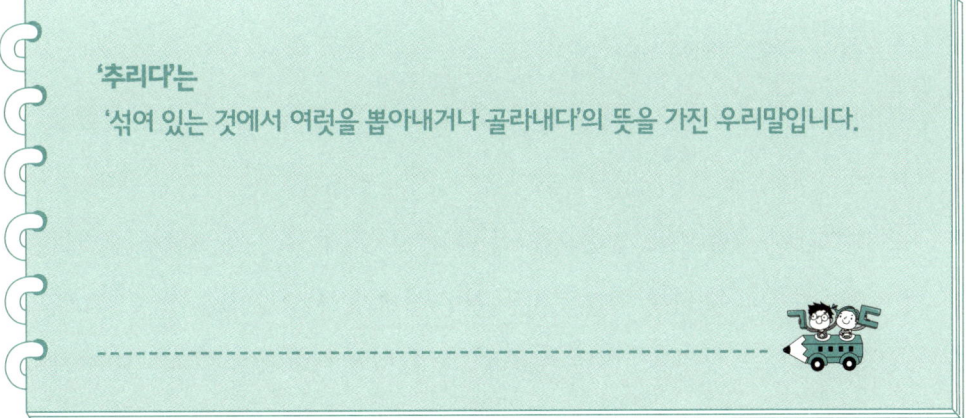

'추리다'는
'섞여 있는 것에서 여럿을 뽑아내거나 골라내다'의 뜻을 가진 우리말입니다.

추렴

김효원 군의 일가친척들이 한자리에 모였습니다.

"에헴, 우리 김 씨 문중의 자랑거리인 김효원 군이 금의환향을 하게 되었습니다. 세계적인 운동경기에서 금메달을 받고 오는 효원군을 기쁘게 맞이하는 의미에서 동네잔치를 베풀고자 합니다!"

"어~ 좋은 일이야! 그렇게 하지!"

시골출신으로 세계적인 대회에서 금메달을 딴다는 것은 매우 어려운 일입니다. 그래서 친척들도 모두 자기 일처럼 기뻐하는 것입니다.

"그러면 어떻게 해야 하는 거지?"

사람들은 동네잔치를 어떻게 할 것인지, 비용은 얼마나 드는지 궁금했습니다.

"에~그래서 그렇게 뜻 깊은 잔치인 만큼 한사람이 비용을 부담하는 것보다는 우리가 모두 조금씩 **추렴**을 하는 것이 어떤가 하는 것입니다!"

사람들은 모두 고개를 끄덕였습니다. 그리고 얼마 후 꽃목걸이를 목에 건

김효원과 그 부모가 동네에 들어서자 온 마을 사람들이 몰려나와 기뻐하며 축하해주었습니다.

"효원아! 친척 어르신들께 감사드려야 한다. 네가 훌륭한 일을 했다고 이렇게 큰 잔치를 열어주셨구나!"

"아~ 그럼요, 그런데 돈이 많이 들었을 텐데…?"

"걱정 말아라, 집집마다 조금씩 **추렴**을 해서 마련한 거니까 큰돈을 쓴 집은 없단다!"

'추렴'이란
'모임이나 놀이 또는 잔치 따위의 비용으로 여럿이 각각 얼마씩의 돈을 내어 거두는 것'을 뜻하는 우리말입니다. 한 사람이 담당하면 큰 비용이 되지만 여럿이 조금씩 나누어 내면 의미도 있고 부담도 훨씬 줄어듭니다.

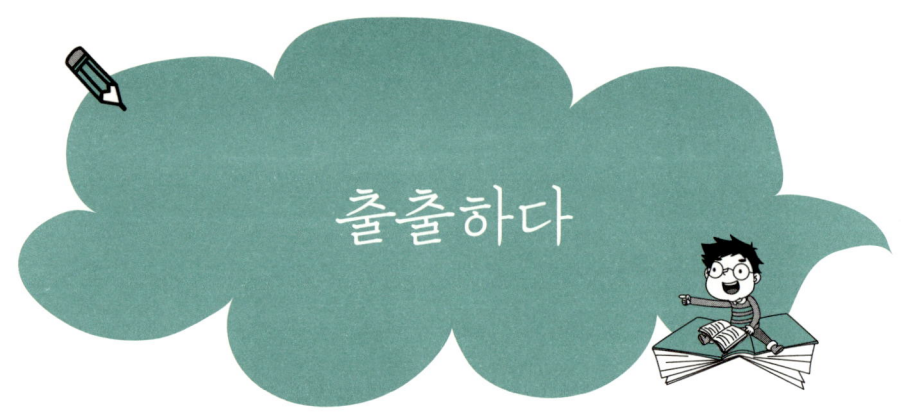

출출하다

북풍이 몰아치는 매서운 한겨울 오후입니다.

다 허물어져 가는 초가집 냉골 방안에 자식들과 모여 앉아있던 흥부의 아내가 남편에게 말했습니다.

"여보, 어디 가서 누룽지라도 좀 얻어오세요!! 벌써 사흘째 굶었잖아요?"

일자리도 먹을거리도 구할 길이 없는 흥부도 어떻게 해야 할 지 막막했습니다. 그러나 방안에 그냥 앉아 있을 수만은 없어서 무조건 밖으로 나갔습니다. 찬바람이 코끝을 할퀴고 지나갔습니다. 흥부는 갑자기 뱃가죽이 찢어지는 듯 했습니다.

"으… 내가 이렇게 배가 고픈데 어린 자식들은 오죽할까…?"

배고픔을 참기 어려운 흥부는 하는 수 없이 놀부 형님을 찾아갔습니다.

"형님, 놀부 형님 계세요-?"

"누구시우?"

부엌에서 저녁밥을 푸고 있던 놀부의 아내가 밥주걱을 든 채로 대문간으로 나왔습니다. 흥부는 밥 냄새에 침이 넘어갔지만 시치미를 떼고 말했습니다.

"아이고, 형수님! 그동안 안녕하셨습니까? 지나던 길에 잠시 얼굴이나 뵙고 가려고 들렀습니다…"

그러나 놀부의 아내는 웃긴다는 듯 입술을 삐죽거렸습니다

"쳇, 그럼 얼굴 봤으니 얼른 가 보슈!?"

그러나 흥부는 그냥 갈 수 없어 다시 한마디 했습니다.

"아따, 형수님. 제가 좀 **출출해서** 그러는데… 그 밥주걱의 밥알 맛이라도 좀 보고 갑시다!?"

그러자 인정머리 없는 놀부의 아내는 이렇게 흥부를 비웃었습니다.

"흥, 이 밥알은 어디서 그냥 얻는 줄 아시우? 서방님처럼 게으른 사람에겐 이것도 아까우니 당장 돌아가세요!"

'출출하다'라는 표현은
'배가 고픈 느낌이 있다'는 뜻으로 쓰이는 우리말입니다.

치다꺼리

"거의 다 되가니까 조금만 더 애써주세요, 다들 감사합니다!"

내일 부활절을 맞는 성당 모임방에서는 북적북적 일이 많습니다. 부활달 걀을 준비하는 중이거든요.

"완숙이 되도록 시간을 잘 맞춰야 해!"

주방에서 달걀을 삶는 일은 고등부 친구들이 맡았습니다.

"물감이 다 마른 달걀은 이쪽으로 주세요."

중등부에 속한 성미는 삶은 달걀에 물감으로 예쁜 그림들을 알록달록하게 그려 넣었습니다. 그리고 물감이 마른 뒤 예쁜 비닐로 포장하고 묶는 일은 초등부 꼬마들이 고사리같은 손가락을 놀려 열심히 도와주었습니다.

"모두 모여서 **치다꺼리**를 하니까 힘들지 않고 즐겁게 할 수 있어서 좋은 것 같은데? 너희들 생각은 어떠니?"

한쪽에 수북이 쌓인 알록달록한 부활달걀 꾸러미를 보고 모임방에 들르신 수녀님이 열심히 꾸러미를 만드는 친구들에게 물으셨어요.

"네, 혼자 집에서 하면 심심하고 재미없을 텐데 이렇게 다 같이 모여서 이야기도 나누면서 하니까 힘도 들지 않고, 신나요! 금방 끝나 가니까 아쉬워요~ 또 뭐 도와드릴 거 없어요?!"

초등부 개구쟁이 찬수가 우렁차게 이야기했어요.

"호호호~ 그래? 우리 찬수가 아주 열심히 잘하는구나! 내가 좀 있다 뒷마당에 있는 창고청소를 할건데, 도와줄 사람이 필요하네. 찬수가 와서 **치다꺼리** 좀 해줄래?!"

그제서야 찬수는 아차 싶은 듯 이야기했어요.

"아…차…그리고 보니 오늘 엄마가 일찍 오라구 했는데요…"

'치다꺼리'는
1.일을 치러 내는 일, 2.남의 일을 도와서 거드는 일,의 두 가지 뜻이 있는 우리말입니다. 앞의 것은 1, 뒤엣것은 2의 뜻으로 쓰였습니다.

칼잠

"자, 이삿짐 다 실었니? 너희들도 다 탔겠지?"

"네, 이제 출발해도 돼요."

얼마 전 아버지의 사업이 갑자기 잘못되는 바람에 우석이네 다섯 식구는 다른 곳으로 이사를 가게 되었습니다.

"지금까지 살던 곳보다는 집이 좀 작으니까 모두들 서로 참으면서 살아야 한다…싸우지 말고 동생들 위해 주고…아버지가 곧 다시 돈 벌어서 큰 집으로 옮길 테니까 그때까지만 도와다오…"

우석이네가 도착한 곳은 변두리 주택의 반 지하 방이었습니다.

"근데 여기서 우리가 다 같이 자는 거야?"

넓긴 하지만 단칸방이 걱정스러운 듯 초등학생 우석이가 물었어요.

"그래, 방이 넓어서 우리 다섯 명은 충분히 누울 수 있겠네! 너희들은 형이 **칼잠**을 자는 한이 있어도 편히 잘 수 있게 해줄 테니 걱정 마!"

고등학생인 큰 형이 두 동생들을 보며 이렇게 말했어요.

"옛날에는 더 좁은 방에서도 열댓 명씩 옆으로 누워 자고 그러면서도 잘 살았대! 이 정도면 운동장이지!"

중학생인 둘째가 의젓하게 말하자, 우석이도 씩씩하게 대꾸했어요.

"응! 나도 엄마랑 딱 붙어서 잘 수 있으니까 좋아! 밤에 혼자 잘 때는 무서운 이야기 생각나서 이불을 푹 뒤집어썼었거든…"

그러자 어머니가 목메는 소리로 말씀하셨어요.

"이 녀석들이 언제 이렇게들 컸니? 갑자기 단칸방으로 내몰려서 **칼잠**을 자게 생겼는데도 긍정적으로 생각해주니 너무나 대견하구나!"

'칼잠'이란
'충분하지 아니한 공간에서 여럿이 잘 때 바로 눕지 못하고 몸의 옆 부분을 바닥에 댄 채로 불편하게 자는 잠'을 뜻하는 재미있는 우리말입니다.

겉속

"아빠, 보고 싶어요~! 언제 또 오실 거예요?"

"아, 그래…아빠도 너희들 많이 보고 싶지…그래도 금방은 못 갈 거 같구나…엄마 말씀 잘 듣고 공부 열심히 해야 한다!"

상철이와 상미 남매는 3년째 어머니와 함께 캐나다에 머물며 공부하고 있습니다. 아버지만 기러기처럼 한국에 남아 생활하고 계셨습니다. 그래서 아이들과 아버지의 전화 통화는 항상 이렇게 아쉬움이 많았습니다.

"저 녀석들이 대학교 갈 때까지는 내가 더 열심히 일을 해야 되는데…"

아버지는 전화통화가 끝난 뒤 이렇게 홀로 중얼거리곤 했습니다. 그리고 사업을 더욱 잘 이끌어나가기 위해 밤낮없이 열심히 뛰었습니다.

며칠 후, 캐나다에서 다시 전화가 왔습니다.

"저…여보…이번 달 생활비를 아직 못 받았는데…아직 안 보내셨죠?"

아내가 눈치를 살피듯 어렵게 물었습니다.

"아, 그렇지…요새 회사에 일이 좀 생겨서 미처 못 보냈네…조금만 기다려요. 내, 곧 보낼테니까…"

남편의 대답에 아내는 걱정스러운 듯 되물었습니다.

"회사가 어려워졌어요? 아니면 혹시 다른 사정이 생긴 거예요?!"

"아니야. 일이 좀 생겨서 그렇긴 하지만 다른 **켯속**이 있는 건 아니야, 애들 학비며 생활비는 곧 마련해 보낼테니 걱정하지 말라구!"

남편의 큰소리에 아내는 이렇게 이야기했습니다.

"상철아빠, 당신에게든 회사에든 무슨 일 생기면 바로 얘기하세요. 우리한테는 당신이 가장 중요해요! 언제든지 돌아갈 마음의 준비가 돼있으니 혼자 고민하지 말아요!"

아내의 말에 감동받은 남편은 깊은 한숨을 내쉬었습니다.

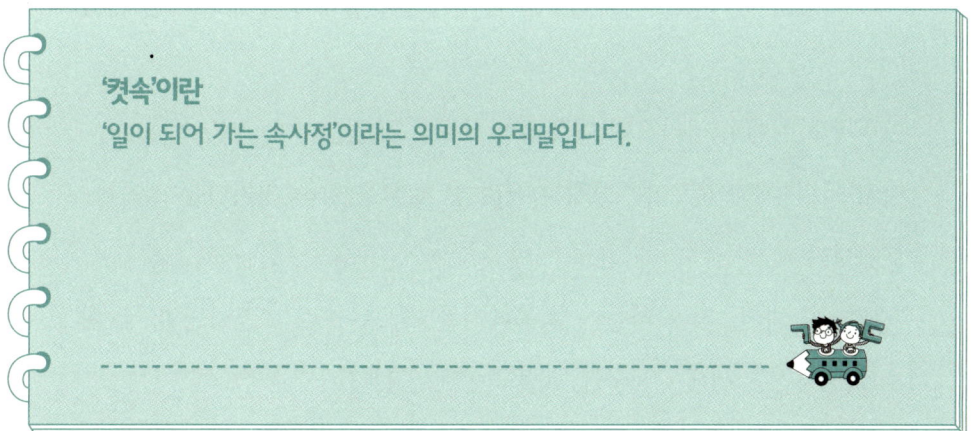

'**켯속**'이란
'일이 되어 가는 속사정'이라는 의미의 우리말입니다.

코숭이

"할아버지~ 같이 가요…길이 어둡고 울퉁불퉁해서 걷기가 힘들어요!"

대성이는 아직 캄캄한 새벽 산길을 더듬으며 이렇게 말했어요.

"할아버지 발끝만 보고 따라오면 되는데 뭐가 그렇게 힘드냐? 다큰 녀석이! 이제 다 와간다~!"

2014년 새해 첫날을 맞아 대성이는 할아버지와 함께 해맞이를 하러 가는 중입니다.

"기특하게도 새벽잠도 마다하고 따라나서더니 벌써 힘들다고 하면 어떡하니?"

아버지도 뒤에서 따라오며 이렇게 맞장구를 치셨습니다.

아직 어린 대성이는 어른들에 이끌려 산 정상을 향해 지쳐가는 걸음을 재촉했습니다.

"자자, 저 봐라! 저쪽 하늘이 희붐해지는 게 보이지? 따끈따끈한 새 해가 떠오르기 시작할 텐데…아버님, 서둘러야겠어요!"

아직 산꼭대기에 오르지 못한 대성이 아버지가 고개를 들어 두리번거리며 걱정스러운 듯 말씀하셨어요.

"그러게 말이다. 바로 저 산 **코숭이**까지는 올라야 할 텐데… 조금만 더 힘을 내자, 대성아!"

마음이 급해진 할아버지도 재촉하셨어요. 세 사람이 걸음을 서두른 끝에 오른 산줄기의 끝에는 이미 많은 사람들이 새해 첫 번째로 떠오르는 해를 맞이하기 위해 모여 있었어요.

"우와, 해가 솟아오르고 있어요! 멋지다~!!"

마침내 해가 떠오르기 시작하자, 대성이는 힘든 것도 잊어버린 채 해맞이의 감격에 젖어들었어요.

'코숭이'는
1.산줄기의 끝, 2.물체의 뾰족하게 내민 앞의 끝부분이라는 두 가지 의미가 있는 우리말입니다. 여기서는 1의 뜻으로 쓰였습니다.

코푸렁이

기영이는 중풍으로 쓰러진 할머니와 단 둘이 산꼭대기의 월셋방에 삽니다. 그래서 학교가 끝나면 폐지를 주워 모아 팔아서 조금씩 돈을 벌기도 합니다.

"아이고, 우리 기영이 종이 주우러 나왔구나?!"

오늘도 기영이는 폐지를 조금 모은 것을 팔아 1000원을 마련했습니다. 그리고 돌아오는 길에 쌀집 아주머니에게 녹두가루를 얻었습니다.

"할머니께 죽이라도 끓여드려라."

기영이는 정성껏 녹두죽을 끓였습니다. 그릇에 담아 할머니께 드리려할 때 마침 옆집 아주머니가 오셨습니다.

"네가 죽을 다 끓였어? 어디 한번 보자."

그런데 냄비를 들여다 본 아주머니는 깜짝 놀라셨습니다.

"아니 이게 뭐야? 물을 너무 많이 넣었구나? 죽이 형편없는 **코푸렁이**가 다 됐네?!!"

기영이는 당황하여 고개를 숙였습니다. 아주머니는 기영이를 달래며 이렇게 말씀하셨습니다.

"할머니께 죽을 많이 드시게 하고 싶은 마음에 물을 많이 넣어서 이렇게 된 거지? 그 마음이 아주 착하구나?!"

"그럼, 어떡하죠? 다시 끓여야 되나요?"

"아니야, 대신에 할머니도 많이 드시면 되지 않겠니? 죽은 얼마든지 코푸렁이같이 끓여도 괜찮아. 기영이가 앞으로 **코푸렁이**같은 사람이 되지 않으면 된단다!"

'코푸렁이'란
1.묽은 풀이나 코를 풀어놓은 것처럼 흐물흐물한 것, 2.줏대가 없고 흐리멍덩한 사람을 놀림조로 이르는, 의미의 재미있는 우리말입니다. 앞에서는 1의 뜻으로, 뒤에서는 2의 뜻으로 쓰였습니다.

콩켸팥켸

"얘, 어멈아! 우리 시루떡 좀 해먹자꾸나 !갑자기 그게 먹고 싶네?!"

은솔이 할머니가 말씀하셨습니다.

"예, 어머니. 제가 준비할게요."

은솔이 어머니와 할머니는 사이좋게 시루떡 재료를 준비하셨습니다. 그리고 떡시루에 쌀가루 넣고 콩과 팥을 한 층씩 뿌려 맛좋은 시루떡을 만들었습니다.

"와! 시루떡이다! 난, 팥이 더 좋아요, 할머니!"

은솔이가 신나서 말했습니다.

"그래, 어디 보자. 우리 은솔이 좋아하는 팥고물 얹은 떡이 잘 됐나 보자!"

할머니는 시루떡을 조심스레 잘라내다가 말씀하셨어요.

"이런! 시루떡이 **콩켸팥켸**가 돼버렸구나!? 이래서야 우리 은솔이가 좋아하는 팥고물 충만 골라낼 수가 없는데?"

"엥? 할머니 콩켸팥켸가 뭐예요? 콩떡팥떡이 아니고??"

은솔이 말에 어머니가 웃으며 말씀하셨어요.

"콩과 팥을 분명히 한 층씩 올렸는데 지금 보니까 모두 뒤섞여서 어디가 콩떡인지 팥떡인지 구분이 안 되잖아? 이렇게 뒤죽박죽된 걸 '**콩켸팥켸**'라고 하는 거야. 아참, 그리고 네 방 베란다에 온갖 잡동사니들이 모여 있잖아? 바로 그런걸 보고도 **콩켸팥켸**라고 한단다!"

"아이 참, 떡 얘기하는데 제 방 얘기는 왜 하시는 거예요, 엄마는!?"

그러면서 은솔이는 얼른 떡 조각을 베어 물었습니다.

"어이구, 뭐가 잘 못인지는 아는 모양이네, 우리 은솔이가?"

'**콩켸팥켸**'는
'사물이 뒤섞여 뒤죽박죽이 된 것'을 이르는 재미있는 우리말입니다.

콩팥칠팔

"오늘은 자습을 해야겠다!"

창수네 반 아이들은 환호성을 질렀습니다.

"자자, 조용히 해요! 담임선생님이 편찮으셔서 병원에 입원하셨는데 너희들은 그렇게 신이 나니?"

옆 반 선생님이 떠드는 아이들에게 이렇게 나무랐습니다. 맹장수술을 받고 입원중인 담임선생님 대신 다른 선생님들이 틈틈이 들여다보시고 보충수업도 해주셨습니다. 창수네반 아이들은 방과 후에 회의를 열었습니다. 먼저 반장인 창수가 입을 열었습니다.

"우리 반 아이들이 모두 다 병문안을 갈 수는 없으니까 대표로 몇 명만 가 보도록 하자!"

"선생니-임!"

아이들이 병실 안으로 한꺼번에 밀고 들어가자 깜박 잠이 들었던 선생님은 놀라 어리둥절해졌습니다.

"어머? 너희들! 웬일들이니?"

아이들은 선생님이 반가운 마음에 하루 종일 학교에서 있었던 일들을 서로 이야기하느라 야단이 났습니다.

"얘들아!! 좀 조용히 해줄래? 여기는 선생님 혼자 쓰는 곳이 아니잖아? 그렇게 **콩팔칠팔**하면 정신이 하나도 없어요!"

그제서야 아이들은 병실에서 예의를 지켜야한다는 것을 깨달았습니다.

'콩팔칠팔'이란
1. 갈피를 잡을 수 없도록 마구 지껄이는 모양, 2. 하찮은 일을 가지고 시비조로 캐묻고 따지는 모양을 표현한 재미있는 우리말입니다.

괴괴하다

'환영! 오지탐험대 나우석'

동희와 은희 자매는 이런 글씨가 커다랗게 쓰인 피켓을 들고 인천공항 입국장 앞에 서 있었습니다. 1년 6개월 전, 세계의 오지를 탐험하겠다고 홀로 배낭여행을 떠난 큰오빠의 귀국을 환영하러 나간 것입니다.

동희는 걱정스러운 듯 입국장 문이 열릴 때마다 눈을 반짝이며 오빠가 나타나기를 기다렸어요.

"야, 나동희, 나은희! 오빠 환영해주러 일부러 나왔구나? 하하, 잘 지냈냐? 그동안 훌쩍 커버렸네?"

기다리던 오빠가 어느새 동희와 은희 앞에 나타났어요.

"앗?! 오빠? 정말 오빠 맞아?"

동희가 놀라 되물었어요.

"비슷하지만 아닐지도 몰라…ㅋㅋ"

동희 언니 은희가 인상을 과장되게 찡그리며 이렇게 말했어요.

"아이고, 세상에…너 이 몰골이 이게 뭐니? 정말 너 맞니? 딴 데서 보면 못 알아보겠다!"

어머니도 오랜만에 만난 아들의 행색을 훑어보며 고개를 저으셨어요.

"으…근데 이건 무슨 냄새지? 어디서 생선이 썩나…어휴, 고린내…"

동희가 고개를 두리번거리며 코를 막자 어머니도 이렇게 되물으셨어요.

"그러게! 어디서 이런 **쾨쾨한** 냄새가 진동을…우석이 너?! 얼마나 안 씻었으면 이런 지독한 냄새가 나니? 어휴…"

"헤헤, 당연하죠…최소한으로 아껴 써야 하는데 뭐, 마음대로 씻는 건 꿈도 못 꿔요! 그래도 무사히 돌아왔으니 다행이죠?! 모두들 보고 싶었어요!"

오빠는 여동생들과 어머니를 와락 껴안았어요.

'쾨쾨하다'라는 표현은
'상하고 찌들어 비위에 거슬릴 정도로 냄새가 고리다'는 뜻의 재미있는 우리말입니다.

쾌

현미는 어머니와 함께 중부시장에 갔습니다.

"엄마, 북어 몇 마리 사러 여기까지 와요? 집에서 너무 멀어요…"

1시간 넘게 지하철을 타고 오느라 지친 현미가 어머니께 투덜거렸어요.

"그래도, 건어물은 여기가 좋다니까 한번 와 본거야. 제사에 쓸 건어물이며 너 좋아하는 멸치나 볶음용 새우도 사면 좋겠지?"

"그럼 오징어도 있나, 여기? 오징어 사줘! 오징어다리 뜯고 싶어요!"

"그래. 오징어랑 북어도 사야겠다. 오징어는 너 먹고, 북어는 짝짝 찢어서 아빠 해장국도 끓여드리고 말이야."

"아 맞다, 아빠가 북어국을 엄청 좋아하시죠!"

두 사람은 어느덧 중부시장 건어물가게들을 둘러보고 있었어요.

"엄마, 여기 마른오징어랑 북어 있어요! 여기서 할인판매한대요!"

밝은 조명아래 잘 닦인 북어와 마른 오징어들이 진열된 어느 가게 앞에서 발을 멈춘 현미가 군침을 삼키며 말했어요.

"아저씨, 오징어랑 북어가격이 어떻게 되나요?"

"어서 오세요, 크기에 따라 다른데 오징어 한 축은 5만원이고, 북어는 한 쾌에 4만5천원입니다! 품질 좋고 싸게 드릴 때 사가세요!"

"오징어 한 축? 북어 한 쾌? 그게 무슨 뜻이에요, 엄마?"

"오징어는 20마리 묶음을 한 축이라 하고, 북어 20마리는 한 쾌라고 하는데 우리 고유의 수량단위야. 옛날에는 엽전 열 냥도 한 쾌라고도 했지."

"그렇구나! 한 두 마리씩 사는 것보다 한 묶음으로 사면 값도 싸고 두고두고 먹을 수 있으니 좋겠다!"

'쾌'는
1. 북어를 묶어 세는 단위로서, 한 쾌는 북어 스무 마리, 2. 예전에, 엽전을 묶어 세던 단위로 한 쾌는 엽전 열 냥을 가리키는 우리 고유의 수량 단위입니다.

퀴다

얼마 전부터 기차역 앞에 허름한 차림의 꼬마아이와 엄마가 종종 나타나기 시작했습니다. 엄마와 아이는 작은 가방을 끌고 다니는데 낮에는 어딘가로 사라졌다가 어두워지면 머물 곳을 찾는 것처럼 다시 나타났어요.

"저리가! 여긴 내 자리야!"

이미 그 부근에 터를 잡고 있던 사람들이 아이와 엄마를 내쫓았어요. 그럴 때면 두 사람은 가방을 끌고 다시 어디론가 사라졌어요. 역 근처 빵가게 주인도 아이와 엄마가 나타났다가 사라졌다 하는 것을 자주 보았어요.

"밥은 먹고 다니나…왜 집에 안 가고 저러고 있을까?"

아이와 엄마는 배가 고픈지 슬금슬금 쓰레기통 주변을 살피기도 했어요. 한 달째 그 모습을 지켜 본 빵집아줌마 방씨는 어느 날 저녁, 팔고 남은 빵을 들고 아이와 엄마에게 갔어요.

"이봐요, 왜 여기 있는 거예요? 밥은 먹었어요?"

방씨의 물음에, 아이와 엄마는 피곤해 지친 표정으로 고개를 들었어요.

"먹은게 없을 것 같아서 그러는데, 이거라도 좀 먹을라우? 우리 가게에서 팔다 남은 건데…"

방씨가 빵을 내밀자 아이와 엄마는 정신없이 입으로 가져갔어요.

"어이구, 그럴 줄 알았지…그렇게 급히 먹다간 체할 수도 있으니 천천히 먹어요. 아이가 음식 퀴는 걸 보니 오랫동안 굶었구만…"

그때 급하게 빵을 삼키던 아이가 먹은 것을 도로 토하며 쓰러졌어요.

"일주일째 아무것도 못 먹었어요…"

엄마는 이렇게 울먹이며 굶주린 아이의 등을 쓸어내려 주었어요.

"어린 녀석이 얼마나 배가 고팠으면 그렇게 음식을 탐할까요…요깃거리가 되면 좋겠구려…"

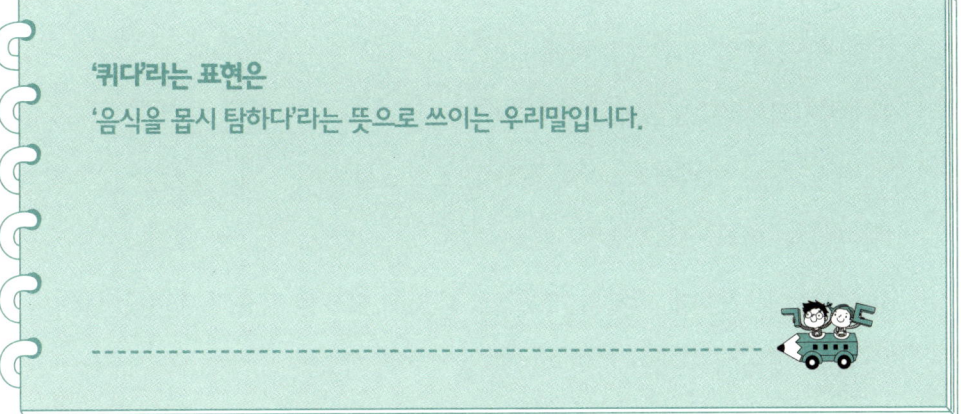

'퀴다'라는 표현은
'음식을 몹시 탐하다'라는 뜻으로 쓰이는 우리말입니다.

클클하다

"우리 토끼들은 잘 지내고 있을까…얼굴 본 지가 한참 됐는데…"

할아버지는 홀로 먼 산을 바라다보며 이렇게 중얼거렸어요. 서울에 사는 손주들이 보고 싶은 생각에 마음이 쓸쓸했거든요.

"그래도 곧 추석이니까 그땐 다들 오겠지…그때까지 어떻게 기다리누…"

할아버지는 시골에서 과수원 농사를 지으며 살고 계셨어요. 일을 도와주는 일꾼들은 많이 있지만, 함께 사는 가족은 없어서 때때로 적적한 생각도 들고 자식들과 손주들이 그립기도 했어요.

며칠 후, 일요일 오후의 일이에요.

할아버지의 작은 집 앞에 승용차들이 도착했어요.

"아버지, 무슨 일이세요? 어디 불편한데 있으세요?"

"할아버지, 어디 아프세요?"

서울 사는 두 자녀가 각자의 가족들을 데리고 모두들 서둘러 내려왔어요.

"아버님, 병원에 가셔야 하면 119를 먼저 부를까요?"

아들, 며느리, 딸, 사위, 손주들이 걱정스레 집안으로 들어서며 이렇게 말했어요.

"어이쿠, 너희들 왔냐? 잘 왔다, 어서 와라!"

그런데 방안으로 들어선 자식들은 할아버지의 정정한 모습을 보고 놀라고 말았어요.

"갑자기 모두 내려오라고 하시니, 어디 편찮으신가 하고 달려왔는데…!"

"하하, 모두 놀랐구나? 어디가 아픈 건 아니고 내가 왠지 요새 마음이 클클해서…너희들 얼굴 좀 보고 싶어서 불렀다…놀랐다면 미안하지만, 온 김에 좀 놀다가거라…밖에 수확한 포도도 한 상자씩 가져가고 말이야!"

그제서야 자식들은 홀로 지내시는 아버지가 많이 외로워하신다는 사실을 깨닫고 고개를 떨구었어요.

'클클하다'라는 표현은
'마음이 시원스럽게 트이지 못하고 좀 답답하거나 궁금한 생각이 있다'는 뜻으로 쓰이는 우리말입니다.

타분하다

일요일 아침, 원진이는 아버지를 따라 노량진 수산시장에 갔습니다.

"우와~ 별의별 생선이 다 있어요! 아빠, 저건 뭐에요?"

"그래, 너 여기 처음 와보는구나. 저건 아귀라는 생선이야. 생긴 건 못생겼지만 탕으로 끓이면 맛이 아주 좋단다! 아~ 침 넘어간다…허허"

원진이는 아버지의 설명을 들으며 훤하게 불을 밝힌 수산시장의 펄떡이는 물고기들을 구경하느라 정신이 없었습니다.

"아빠, 우린 어떤 걸 살 거예요?"

"오늘이 할아버지 생신이니까 점심때 생신 상에 놓을 맛있는 회를 사려고 왔지. 할아버지가 회를 특히 좋아하시거든!"

아버지는 횟감으로 쓰이는 생선을 주로 판매하는 가게 앞에서 걸음을 멈추고 살펴보기 시작했어요.

"할아버지 병은 이제 다 나으신 거예요? 엄마가 아무리 좋은 걸 해드려도 많이 못 드시던데요…"

"응, 그동안 폐렴으로 고생을 많이 하셨는데, 이제 다 나으셨어. 그래도 아직은 **타분하셔서** 그럴 거야…그러니 몸에 좋고 드시고 싶은 음식을 드셔야 기운 차리는데 도움이 되시겠지?"

두 사람은 광어, 도미, 연어 등의 생선회를 사들고 집으로 왔어요. 회를 뜨고 남은 머리와 뼈 등도 매운탕용으로 가져왔어요. 그것을 열어본 원진이 어머니가 코를 킁킁대며 이렇게 말했어요.

"어머나, 이 매운탕거리는 왜 이렇게 **타분하죠**? 살짝 맛이 갔어요!"

그러자 원진이 아버지가 놀라며 대답했어요.

"아차! 회는 어름 채운 아이스박스에 잘 넣어왔는데, 그건 그냥 비닐봉지에 넣어 와서 그런가봐! 차안에서 햇볕 때문에 상했을까…어쩌나…"

'타분하다'는
1.입맛이 개운하지 않다, 2.음식의 맛이나 냄새가 신선하지 못하다, 의 뜻이 있는 우리말입니다. 앞의 것은 1, 뒤엣것은 2의 뜻으로 쓰였습니다.

탐탁하다

옛날 어느 나라의 임금님이 중병에 걸렸습니다. 임금님은 자신이 죽는 것보다 외동딸의 장래가 더 걱정이었습니다.

"내가 죽기 전에 결혼을 시켜야 할 텐데…"

이렇게 걱정하던 임금님은 신하들을 시켜 방을 내걸었습니다.

"누구든지 세상에서 가장 귀한 보물을 구해오는 자에게 내 딸과 이 나라를 모두 주겠다."

사람들은 너도나도 세상에서 귀하다는 것은 전부 임금님께 갖고 갔습니다. 그렇지만 임금님 마음에는 들지가 않았습니다.

"으이그~ 이렇게 이 나라엔 인재가 없는가? 보물을 구한다는 게 전부 탐탁스럽지 않은 것들뿐이니…!"

임금님은 한숨을 푹 쉬었습니다. 그런 어느 날 세 사람의 청년이 각각 보물을 구했다며 찾아왔습니다. 첫 번째 청년은 멀리까지 내다보는 망원경을 가져왔습니다. 두 번째 청년은 아무리 먼 곳도 단숨에 갈 수 있는 마법의 양탄자를 가져왔습니다.

그 두 가지의 보물은 정말 훌륭한 것이었습니다. 그러나 여전히 임금님에게는 **탐탁하지** 않았습니다. 마지막으로 세 번째 청년이 죽어 가는 사람을 살릴 수 있는 요술 사과 한 알을 내밀었습니다.

"바로 이거다! 내가 찾던 보물이 바로 이것이야!"

임금님은 뛸 듯이 기뻐하였습니다.

'탐탁하다'는
'모양이나 태도, 또는 어떤 일 따위가 마음에 들어 만족하다'의 뜻으로 쓰이는 우리말입니다. '탐탁지 않다'는 '마음에 들지 않다'는 뜻이 됩니다.

태깔

　시내의 유명 백화점 신발 코너에서 시끄러운 소리가 터져 나왔습니다.
　"이게 뭡니까? 사간지 얼마 되지도 않았는데, 이렇게 망가지면 어떡해요? 한 두 푼 주고 산 것도 아닌데!"
　한 손님이 굽이 부러진 구두 한 켤레를 내던지며 이렇게 화를 냈습니다. 세영이와 어머니는 우연히 그 광경을 지켜보게 되었습니다.
　"고객님, 죄송합니다…어떻게 된 일인지 저희가 알아볼 동안 잠시만 기다려주십시오…"
　바닥으로 나동그라진 구두를 주우며 직원이 고개를 숙였습니다. 잠시 후, 직원은 그것이 지난 세일기간에 판매되었다는 사실을 알아냈습니다.
　"저…손님 이 구두는 사가신지 석 달 정도 되셨네요…그동안 많이 신으셔서 굽도 많이 닳았고요…"
　직원이 공손하게 이야기했으나 손님은 지지 않으려는 듯 더욱 소리를 높였습니다.

"무슨 소리에요, 산건 그때지만 신은 건 몇 번 안 된다구요! 당장 바꿔주세요! 몇 번 신었다고 굽이 부러지는 구두를 어떻게 신어요?"

"신발을 험하게 신으시는 분들 중에 종종 굽이 부러지는 경우도 있는데요, 그래도 교환은 어렵고 수리를 잘 해드리겠습니다…"

"싫어요! 이 백화점 최우수고객한테 이 정도도 못해줘요? 기가 막혀!!"

상황을 지켜본 세영이가 어머니께 물었습니다.

"엄마, 누가 잘못한 거예요? 바꿔주는 게 맞아요?"

"글세다, 아무리 손님이 잘 못한 게 없더라도 저렇게 막무가내로 하면 안 될 것 같은데…저 손님 말하는 **태깔**로 봐서는 돈만 있고 교양은 없는 사람 같다, 얘…"

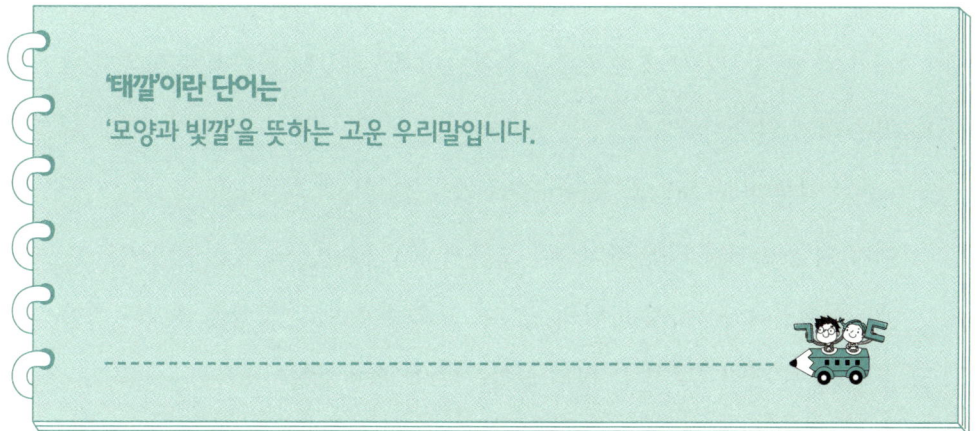

'태깔'이란 단어는
'모양과 빛깔'을 뜻하는 고운 우리말입니다.

터무니없다

옛날 어느 고을에 욕심쟁이 형과 마음 착한 동생이 살았습니다.

"네 이놈~! 네 죄를 네가 알렸다!!"

어느 날, 고을 원님이 가난한 동생 농부를 붙잡아 들였습니다.

"아이고, 나으리…제가 무슨 죄를 지었는지 아무리 생각해도 잘 모르겠습니다, 그것부터 알려주십시오!"

"허허~~ 네가 지난밤에 네 형의 집 곳간에서 쌀 열가마니를 몰래 훔쳤다는 소문이 동네에 파다한데, 딱 잡아떼느냐?"

"제가 왜 형의 곳간에서 도둑질을 하겠습니까? 아무리 가난하게 살아도 그런 짓은 하지 않습니다요!"

농부는 억울한 듯 눈물을 흘리며 하소연했습니다.

"네가 여덟 명이나 되는 자식들과 보름째 굶고 있다는 것도 사실이냐?"

"네…사실입니다…하지만 남의 밭일을 도와주고 보리 껍질을 얻어다 죽을 끓여먹을망정 결코 도둑질은 하지 않았습니다. 믿어주십시오!"

농부의 말에 원님은 고개를 갸웃거리며 다시 물었습니다.

"네가 부모님이 물려주신 논과 밭을 모두 팔아먹고 형에게 얹혀살다 쫓겨나 형에게 앙심을 품었다는데? 그래서 몰래 쌀을 훔쳐다 팔았다는데?"

"도대체 누가 그런 **터무니없는** 소문을 퍼뜨렸는지 궁금합니다. 원래부터 부모님의 논과 밭은 형님이 모두 물려받았고, 저는 한 푼도 도움 받지 못한 것이 사실입니다. 그래도 형님께 나쁜 마음을 먹은 적은 없습니다."

그 말을 들은 원님은 고개를 끄덕이며 이렇게 말했어요.

"네 말을 들으니 정말 나쁜 사람은 네가 아니라 네 형이로구나! 당장 이 자의 형도 불러들여라. 둘 중 누가 정말로 도리에 맞지 않는 허황된 말을 하는지 가려내야겠다!"

'**터무니없다**'는
'이치나 도리, 조리에 맞지 않다, 허황하여 전혀 근거가 없다'는 의미로 쓰이는 우리말입니다.

터울

설문조사 기관에서 초등학생들의 가족사항을 조사하러 나왔습니다.

"이제부터 하는 질문에 해당되는 사람만 손을 들어주세요!"

아이들은 공부시간을 빼먹고 하는 일이라 신이 나서 웅성거렸습니다. 조사가 시작되었습니다.

"형제가 둘 이상인 사람만 손들어보세요!"

영미를 비롯한 몇몇 아이들이 손을 들었습니다. 조사원은 수를 헤아리고는 다음 질문을 했습니다.

"이번에는 자기 형제와 3살 **터울** 이상인 사람만 손을 들어주세요!"

그러자 아이들이 웅성거렸습니다.

"그런데, 터울이 뭐예요?"

영미가 씩씩하게 질문했습니다.

"아, 그렇구나. 언니나 오빠, 동생과의 나이 차가 3살 이상인 사람이 손을 들면 된단다!"

조사원이 다시 설명해주자 아이들은 모두 알아들었다는 듯 고개를 끄덕였습니다.

"저는 언니하고 10살 차이나는 데요, 그럼 손드는 거 맞아요?"

영미가 다시 질문하자 반 아이들도 다시 웅성거렸습니다.

이어서 몇 가지 질문을 다 끝내고 쉬는 시간이 되었습니다. 아이들은 영미에게 몰려들었습니다.

"영미야, 너 진짜로 언니하고 10살이나 차이 나니?"

"응. 우리 엄마아빠가 언니를 낳아서 키우다가 너무 심심해서 나를 10년 후에 또 낳으셨대. 내가 집안의 귀염둥이야!"

아이들은 모두 신기하다는 듯이 영미를 바라보았습니다.

'터울'이란
'한 어머니의 자식으로 먼저 낳은 아이와 다음에 낳은 아이와의 나이 차이'를 가리키는 우리말입니다.

터줏대감

떠돌이 송 서방이 커다란 등짐을 메고 황석골에 들어왔습니다. 그리고 마을 어귀에 돗자리를 깔고 앉았습니다. 지나던 동네 사람이 물었습니다.

"여기서 무슨 일을 하려고?"

"예, 저는 옹기를 구워 파는 사람입니다. 그릇들 좀 구경하시겠습니까요?"

동네 사람은 깜짝 놀랐습니다.

"예끼 이 사람, 이 동네엔 옹기장이 터줏대감이 둘이나 있다네. 떠돌이 주제에 감히 그 사람들에게 도전하겠다고?"

그러자 송 서방은 이렇게 말했습니다.

"제가 떠돌이로 이 마을에 들어오긴 했지만 무슨 일이든지 실력 있는 사람이 인정을 받아야 하지 않겠습니까요?"

어느새, 사람들이 하나둘 주위에 모여들었습니다. 사람들은 송 서방이 늘어놓은 옹기들을 호기심어린 눈으로 바라보았습니다. 마을 사람들로서는 지금까지 본 적이 없을 만큼 잘 만든 그릇들이었습니다.

"실력은 무슨? 그동안 떠돌이 옹기장이가 마을에 자주 들어왔었다네. 그렇지만 얼마 못 있고 다들 떠났다네!"

송 서방이 이유를 궁금해 하자 마을사람은 이렇게 대답했습니다.

"왜 떠났냐면, 마을사람들은 모두 **터줏대감** 옹기장이들의 친척이거든. 오랫동안 한 마을에서 살았는데 어떻게 떠돌이의 물건을 팔아줄 수가 있겠는가?"

'터줏대감'이란

'집단의 구성원 가운데 가장 오래된 사람'을 뜻하는 우리말입니다. 즉, 일정한 마을이나 직장 등에서 가장 오래 되어 관록을 가지고 있는 사람을 가리킬 때 쓰이는 우리말입니다.

털썩이잡다

겨울이 되자 문호는 아버지를 따라 얼음낚시터에 갔어요. 자리를 잡고 앉은 아버지가 얼음에 구멍을 뚫고 낚싯대를 담그자 문호가 말했어요.

"그런데…이 추운 날씨에 물고기들을 잡는다는 게 걱정스러워요…"

"뭐가 걱정스러워?"

"물고기들이 불쌍해요…날이 추워서 잘 움직이지도 못할 텐데, 그런 물고기들을 잡아다가 매운탕을 끓여먹는다고 생각하니까…"

"하하, 그렇구나…우리 문호가 마음씨가 아주 착하구나…"

문호와 함께 온 슈나우저 강아지 뤼팽은 생전 처음 밟아보는 얼음판이 신기한지 미끄러워서인지 이리저리 날뛰며 연신 주위를 두리번거렸어요.

"그런데 문호야, 낚시질 할 때는 조용히 해야 한단다. 그래야 물고기들이 미끼를 먹으러 올 거 아니니…뤼팽이 좀 얌전히 있게 해야 돼…응?"

이리 뛰고 저리 뛰는 강아지 때문에 낚시를 망칠까봐 걱정스러운 아버지가 문호에게 일러주었습니다.

"네, 아빠…제가 얌전히 있게 할게요…뤼팽~~이리 와!"

문호는 뤼팽이에게 목줄을 채우기 위해 조심스레 다가갔어요. 하지만 낯선 환경이 신기한 듯 강아지 뤼팽이는 팔짝거리며 잠시도 가만히 있지 않았어요. 살금살금 뒤를 따르던 문호가 그런 뤼팽이를 잡으려는 순간, 장난치려는 듯 잽싸게 빠져 달아났어요.

"아얏~! 너 이리 안 와?! 잡히면 죽었어~! 뤼팽~~!!!"

팔꿈치를 단단한 어름바닥에 찧은 문호가 약이 올라 이렇게 외치며 달려 나갔어요. 그때, 아버지가 버럭 화를 내며 이렇게 중얼거리셨어요.

"야, 이 녀석아! 방금 큰 물고기를 낚을 뻔 했는데 크게 소리치는 바람에 **털썩이잡았잖아**!! 에잇, 저 말썽쟁이들을 데려오는 게 아닌데…"

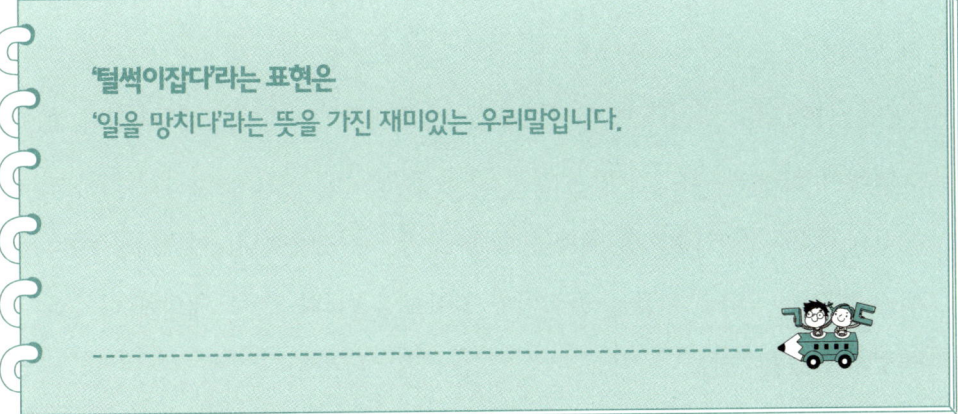

'털썩이잡다'라는 표현은
'일을 망치다'라는 뜻을 가진 재미있는 우리말입니다.

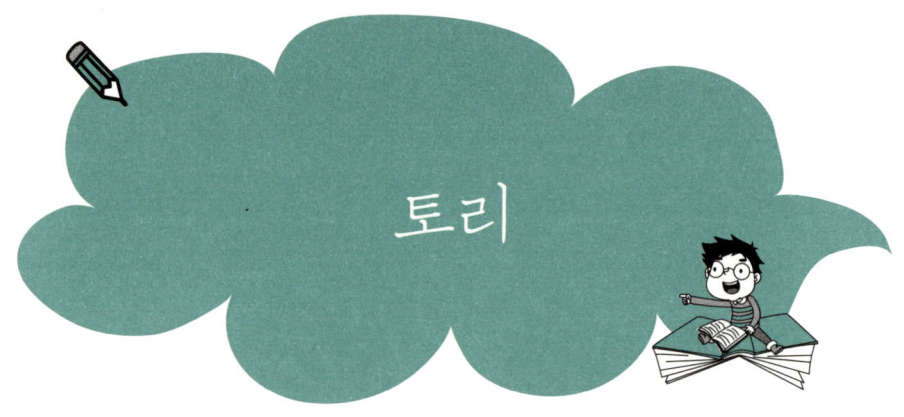

토리

'딩동 딩동'

현관에서 벨소리가 나기도 전부터 재희네 강아지 토리는 문 앞에서 꼬리를 흔들며 문이 열리기만 기다렸습니다.

"어머, 토리가 마중 나와서 기다려주었구나! 고마워!"

학교에서 돌아온 재희를 제일 먼저 반겨주는 것은 토리입니다. 재희는 온몸으로 반가움을 표현하는 토리와 함께 한바탕 신나는 몸싸움을 하기도 합니다. 그때, 거실에서 어머니와 함께 이불호청을 꿰매고 계시던 할머니가 이렇게 말씀하셨습니다.

"어, 실이 어디 갔지… 여기 어디다 둔 것 같은데…어멈아, 그쪽에 있나 좀 찾아볼래…?"

그때 할머니가 이불호청 꿰매는 실을 찾기 시작했습니다. 어머니도 이리저리 커다란 목화솜 이불을 들썩이며 찾아보았습니다. 그때 재희가 다가와 이렇게 물었습니다.

"이 두꺼운 이불은 누가 덮어요? 쓰지 않는데 뭐 하러 이렇게 해요?"

"손님들 오시면 가끔 쓰시지. 그리고 아주 추울 땐 솜이불이 최고란다!"

그때 할머니가 생각난 듯 말씀하셨어요.

"아고, 내 정신 좀 봐라! 재희야 할머니 방 반짓고리에 명주실 한 **토리** 있을 거야 좀 가져다줄래?"

"토리요? 토리는 우리 강아지 이름인데??"

그러자 어머니가 웃으며 말씀하셨어요.

"호호, 그래 우리 귀여운 강아지 이름도 토리구나. 할머니가 말씀하신 **토리**는 실을 둥글게 감은 뭉치를 가리키는 거야. 수량을 나타내는 말 뒤에도 쓰이는데, 그때는 실 뭉치를 세는 단위가 된단다."

'**토리**'는
1.실을 둥글게 감은 뭉치, 2.실뭉당이를 세는 단위로 쓰일 수 있는 우리말입니다.

투깔스럽다

미국에 사는 하준이는 방학을 맞아 한국 외할머니 댁에 왔습니다. 하준이는 한국인 어머니, 미국인 아버지와 함께 한국의 이곳저곳을 여행했습니다.

"오늘은 인사동에 나가볼까? 한국의 전통적인 물건들을 많이 볼 수 있는 곳이란다."

세 사람은 지하철을 타고 인사동으로 갔습니다. 일요일이라 차 없는 거리에는 많은 사람들이 붐비고 있었습니다.

"저건 '탈'이라고 하는 거야, 영어로는 '마스크'라고 하면 되겠네. 한국 전통 놀이에서 사람들이 저런 탈을 얼굴에 쓰고 공연한단다."

"미국에서 보던 마스크와는 좀 달라요! 저런 게 한국적인 건가요?!"

하준이는 어머니의 설명에 신기한 듯 귀를 기울였습니다.

"여기, 이것 좀 봐 봐요!"

앞서가던 아버지 클리프 씨가 가족들을 불렀습니다. 클리프 씨는 도자기 가게 앞에서 걸음을 멈추고 안쪽을 기웃거리고 있었습니다.

"도자기! 당신, 도자기에 관심 있어요?"

하준 어머니가 재미있다는 표정으로 남편에게 물었어요.

"그럼, 당신이 나에게 녹차 내줄 때 쓰던 찻주전자와 찻잔 비슷한 것들도 보이는데? 들어가서 좀 더 구경할까요?"

가게 안으로 들어선 클리프씨가 어떤 도자기를 세심하게 들여다보자, 아내가 이렇게 품평했어요.

"음~ 그건 제법 **투깔스러운** 멋이 있네요!"

그러자 가게 주인이 다가와 이렇게 덧붙여주었습니다.

"그렇죠, 좀 투박하고 거친 맛이 그 도자기의 특징입니다! 현대도예 작가의 개성적인 작품이에요."

'**투깔스럽다**'는 표현은
'일이나 물건 따위의 모양새가 투박스럽고 거친 데가 있다'는 의미의 재치 있는 우리말입니다

트레머리

연지는 오늘 발레 수업 상담을 받으러 왔습니다.

어머니와 함께 발레 학원으로 들어선 연지를 발견한 선생님이 다가왔습니다.

"어서 오세요~ 오, 네가 김연지구나? 어머니께 얘기는 들었는데 체격조건도 아주 좋구나!"

발레 선생님이 두 사람을 반갑게 맞아주었어요.

"얘가 세 살 때부터 발레를 하겠다고 조르더라구요…근데 너무 어린 것 같아서 기다렸다가 지금 데려온 건데 어떨까요, 선생님?"

"보통 일찍 하는 애들은 6~8세 때부터 하기도 하는데, 지금 초등학교 3학년이니까 늦은 건 아니에요. 해보다가 잘하면 더 전문적으로 훈련을 받을 수도 있고요…"

선생님의 설명에 연지는 신이 났습니다.

"선생님, 저 오늘부터 발레 해도 되나요? 저렇게 머리 올리고요?!"

상담실 옆 유리벽 안쪽 연습실에서는 연지 또래의 아이들이 한창 수업을 받고 있었습니다.

"그래, 해도 되지, 그런데 발레 신발이랑 옷이 있어야 할 텐데…?"

선생님의 되물음에 연지는 가방 안에서 무언가 주섬주섬 꺼내었어요.

"어머나, 신발이랑 옷이랑 벌써 다 준비했구나? 모범생이네?!"

선생님의 말씀에 어머니가 웃으며 대꾸하셨어요.

"아유, 선생님 말도 마세요. 벌써부터 다 준비해놓고 매일 집에서 신고 돌고 난리도 아니었어요…특히나 저런 **트레머리**가 좋다네요."

"호호, 연지가 발레를 그렇게 좋아한다니 다행이네요. 본인은 싫은데 부모가 억지로 끌고 오는 경우도 많거든요. 그리고 저렇게 올려붙이는 머리는 발레리나에게는 필수적이지만 모양 만드는 게 쉽지만은 않아서 아이들은 힘들어하기도 하는데, 연지가 좋아하다니 재미있네요?!"

'트레머리'는
'가르마를 타지 아니하고 뒤통수의 한복판에다 틀어 붙인 여자의 머리'를 가리키는 우리말입니다.

튼실하다

조용한 시골마을 한가운데는 커다란 소나무가 자리하고 있습니다.

그 나무를 동네 사람들은 '할머니 당산나무'라고 부르며 돌보았습니다. 수연이 외갓집도 이 동네에 있습니다. 수연이가 방학 때 외갓집에 올 때면 마을잔치를 하거나 고사를 지내기 위해 마을 중앙의 당산나무 아래로 사람들이 모여드는 광경을 심심찮게 보았습니다.

"아이고, 당산나무가 영 기운을 못 차리니 어쩌면 좋을까!"

"큰일이네! 우리 마을을 지켜주는 당산나무가 죽으면 우리 마을은 또 누가 지키누!"

마을사람들은 어느 날부터인가 모였다하면 '할머니 당산나무'를 걱정하기 시작했습니다. 며칠 전, 여름방학을 맞아 외갓집에 다시 내려온 수연이도 그 모습을 보았습니다.

"할머니, 왜 마을어른들이 모여서 저렇게 걱정이에요?"

"저기 마을 큰 마당에 **튼실한** 소나무 있잖니? 그게 지금 죽을랑 말랑하고 있단다. 죽으면 안 되는데 말이야…"

할머니에 대답에 수연이는 고개를 갸웃거렸어요.

"아, 그 큰 소나무가 아파요? 오래된 나무라고 그러셨죠?"

"그럼~ 한 오백년은 됐을 거라…그래도 앞으로 오백년은 더 살 거라고 했는데…츠츠…그 할머니 당산나무가 다 죽게 됐으니 불쌍해서 어쩌누…"

두 사람의 이야기를 듣고 있던 할아버지가 입을 열었어요.

"그래, 그 튼튼하고 실하게 생긴 당산 소나무가 지난해 소나무재선충에 감염되어 시름시름 앓더니…결국 명이 다돼간단다. 오백년이면 오래 살았지… 더 오래 살아주면 좋겠지만, 사람도 나무도 정해진 수명이 있을 테니까…"

'튼실하다'라는 표현은
'튼튼하고 실하다'는 뜻을 가진 고운 우리말입니다.

티격태격

　강원도 속초시에 있는 통일전망대는 북쪽을 바라볼 수 있는 곳입니다. 속초에 사는 큰 아버지 댁에 놀러간 원경이는 사촌형과 함께 통일전망대 구경을 갔습니다.
　"여기는 휴전선보다 북쪽에 있어서 금강산과 해금강도 볼 수 있단다."
　"우와! 정말이에요?"
　원경이가 생전 처음 보는 금강산 자락이 마냥 신기해 커다란 눈망울을 이리저리 굴리고 있을 때였습니다.
　"싫어! 그냥 갈 거야!"
　"왜 또 그렇게 고집을 부려! 뭐든지 자기 마음대로냐, 너는?"
　관광객들 사이에서 두 남녀의 말다툼 소리가 들려왔습니다.
　"저 사람들 신혼부부인 모양인데, 왜 저렇게 **티격태격**이지?"
　대학생인 사촌형이 그쪽을 쳐다보며 말했습니다.
　"왜 저렇게 화가 나있지?"

"신혼 첫날부터 저렇게 싸우면 어쩌나…한창 좋을 때에…"

주위 사람들도 힐끔거리며 이렇게 중얼거렸습니다. 그러나 두 사람의 목소리는 더욱 커지고 다툼도 점점 커져갔습니다.

"필요 없어! 나 혼자 갈 거야!"

마침내 무엇 때문인지 몹시 화가 난 여자가 먼저 되돌아 뛰어가기 시작했습니다. 그러자 가까이에서 지켜보던 할아버지가 찡그린 얼굴로 서있는 남자에게 타일렀습니다.

"신혼부부 같은데 벌써 티격태격하면 쓰나? 얼른 가서 잘 달래보게!"

그러자 남자는 머리를 긁적이며 뒤따라가기 시작했습니다.

'**티격태격**'이란
'서로 의견이 맞지 않아 시비하는 모양'을 표현한 재미있는 우리말입니다.

판나다

"꼭꼭 씹어 먹어야 한다…많이 천천히…"

아버지는 세호와 종호 형제에게 고기를 바쁘게 구워주며 이렇게 일러주었습니다.

"네…아빠 엄마도 많이 드세요…왜 우리만 먹으라고 하세요…?"

세호가 고기를 우물거리면서도 눈치를 살피는 얼굴로 되물었습니다.

"아니야, 엄마 아빠는 많이 먹었으니까 오늘은 너희들이 많이 먹어야지. 그리고 당분간 아빠는 외국에 나가서 일을 할 거니까. 너희들은 엄마 말씀 잘 듣고 있어야 한다…"

아버지의 설명에 동생 종호가 수저를 놓으며 말했어요.

"왜? 아빠도 우리랑 같이 있으면 안돼요?"

"외국에 나가면 돈을 더 많이 벌 수 있으니까 가는 거지…그래야 나중에 우리 세호, 종호 대학교까지 보낼 수 있지…"

다음날, 아침에 눈을 떴을 때 아버지는 이미 보이지 않았습니다. 세호가 어머니께 물었습니다.

"아빠는 벌써 가셨어요? 공항에 같이 가보려고 했는데…"

그러자 어머니가 한숨을 쉬며 말씀하셨어요.

"세호는 5학년 형이니까 이해할 거라고 믿고 얘기할게…아버지가 그동안 하시던 사업이 잘못돼서 우리 집이 완전히 판나버렸단다…게다가 부도까지 나서 더 이상 버틸 수가 없게 됐어. 오늘은 우리도 이사를 가야하고, 앞으로는 정신 바짝 차리고 살아야겠지?"

"아빠는…? 외국으로 일하러 가신 게 아니에요?!"

아들의 말에 어머니는 고개를 떨구고 한숨을 내쉴 뿐 더 이상 아무 말도 할 수 없었습니다.

'판나다'라는 단어는
1.끝장이 나다, 2.재산이나 물건이 모조리 없어지다의 뜻이 있습니다. 여기서는 두 가지 의미로 모두 쓰일 수 있습니다.

패대기치다

용현이는 오늘 체육수업에 빠지겠다고 선생님께 말씀드렸습니다.

"그래? 많이 아프면 양호실에 가서 누워 있거라, 용현아!"

선생님이 말씀하셨지만 용현이는 그냥 교실에 남기로 했습니다.

"누워있을 정도는 아니고요, 그냥 움직이면 배가 좀 당기는 느낌이니까 그냥 교실 지키고 있을게요…"

체육시간이 끝나고 아이들이 모두 운동장에서 돌아왔습니다. 다음 수업 준비를 하던 희준이가 이렇게 말했습니다.

"어, 가방 안에 있던 게임팩이 어디 갔지…?"

"잘 찾아봐, 학교에 갖고 온 거 맞아?"

"그럼! 새로 산거 내가 보여준다고 했잖아! 누가 가져간 거야?"

희준이가 문득 용현이를 쳐다보며 큰소리로 묻자, 짝꿍 경수가 이렇게 이렇게 변호했습니다.

"무슨 소리야? 용현이가 가져갔다고? 쟤는 그런 애 아니잖아!"

자신이 의심받게 되자 용현이도 기분 나쁜 듯 대꾸했습니다.

"내가 뭘? 그런 건 우리 집에도 쌓여있는데, 무슨 소리야, 기분 나쁘게!"

그러나 희준이는 용현이를 범인이라고 확신한 듯 분명하게 말했습니다.

"그럼, 그게 한 시간 사이에 어디로 없어지겠냐? 너 맞잖아, 차용현! 빨랑 내놔!"

참을 수 없게 화가 난 용현이는 들고 있던 교과서를 희준이에게 **패대기치며** 벌떡 일어섰습니다.

"내가 배가 아파서 교실에 남았던 건 사실이지만, 난 그런 사람 아니야. 그렇게 함부로 의심하지 마!"

"그래? 그렇게 못마땅하면 네 가방 속을 열어 보여주면 될 거 아냐?!"

희준이도 맞서 일어나며 이렇게 대꾸했습니다.

'패대기치다'라는 표현은
'짜증나거나 못마땅하여 어떤 일이나 물건을 거칠게 내던지다'의 뜻을 가진 우리말입니다.

포시럽다

"엄마, 정말이에요? 제 동생이 생긴 다구요?"

'천사의 집'에서 봉사활동을 하고 돌아오신 어머니께 병수가 이렇게 여쭈었어요.

"그렇다니까! 동생 갖고 싶다고 노래하더니 소원 풀었네, 우리 병수?!"

"천사의 집 아기 중에서 제 동생을 발견했단 말씀이죠? 우와 신난다!"

"그래, 어쩜 너 어릴 때랑 하는 짓도 재롱도 꼭 닮은 아기가 있잖니…갈 때마다 보게 되는데, 점점 정이 드는 거야…그래서 아버지랑도 의논했고, 너도 동생을 원하니까 우리가 데려오기로 한 거야."

"혹시…제가 얼마 전에 엄마 따라 갔을 때 본 그 아기에요? 나를 보더니 방긋방긋 웃었어요…맞죠?!"

"그래! 그 아기가 처음 보는 사람한테 그렇게 웃는 애가 아닌데 참 신기하다 했더니…우리 가족이 되려고 그랬나봐!"

며칠 후, 병수네 집에 새 가족이 들어왔어요. 천사의 집에 살던 두 살배기는 진수라는 이름을 갖게 되었어요. 가족들은 온종일 아기에게서 눈을 떼지 못했어요.

"집에 온지 며칠 만에 벌써 아기 얼굴빛이 달라졌는데? 진수도 우리가 마음에 드는가 봐요!"

아버지가 함박웃음을 지으며 말씀하시자 어머니도 활짝 웃으며 대꾸하셨어요.

"그러게요! 천사의 집에선 잘 안 먹는 편이어서 모두들 걱정했는데, 다행이에요. 목욕시킬 때 안아보니 아기가 얼마나 **포시러운지** 몰라요!"

"말은 못해도 우리가 자기를 얼마나 아끼고 사랑하는지 느끼겠지. 마음이 안정되니까 밥도 잘 먹고 살도 오르고…사랑받는 아기 얼굴이야!"

'**포시럽다**'라는 표현은
'살이 통통하게 오르고 포근하고 부드럽다'는 뜻의 고운 우리말입니다.

푸념

"언제까지 여기 이러고 있을 거야?"

털이 군데군데 빠진 누렁이가 뒷발로 옆구리를 긁으며 물었어요.

"글세요…저는 주인이 꼭 찾으러 올 거 같아요…"

얼마 전, 함께 산책을 나섰다가 주인을 잃은 흰둥이가 먼 곳을 바라보며 대답했어요. 늙은 개 누렁이는 다 안다는 듯이 고개를 저으며 되물었어요.

"벌써 석 달이나 지났다면, 실수로 잃어버린 거라고 해도 찾아오기엔 늦었어…너도 나처럼 버림받은 거야!"

누렁이는 흰둥이에게 이렇게 귀띔해주었어요.

"절대로 아니라니까요!! 우리 주인은 절대 그런 사람이 아니에요!"

흰둥이는 고개를 힘차게 저으며 큰소리로 대꾸했어요.

"이봐…네가 주인에게 얼마나 사랑을 받았는지 모르겠지만 나도 예전에는 세상 어떤 강아지보다 귀여움을 받았어…그런데, 내가 나이가 들고 이곳저곳이 아프기 시작하자 어느 순간, 나의 주인도 마음이 변했어…어느 날, 차를 타고 오랫동안 달려와 내린 이곳에…날, 그냥 두고 가버렸어…사람들은, 귀엽고 예쁠 때만 사랑해주지…늙고 병들면 헌신짝처럼 내버린다고! 인정사정도 없이! 그 뒤로 나는 여기저기를 떠돌아다니며 죽을 고비를 수없이 넘겼어…우리는 태어날 때부터 사람에게 길들여졌고 사람과 함께 살도록 만들어졌는데, 그렇게 한순간 거리로 내팽개치면 어쩌라는 말이냐구?! 이렇게 지금까지 살아있는 것도 기적이야…"

"그런 일이 있었군요…마음에 상처를 입으셨겠어요…"

"주인을 다시 만날 수 있다고 믿는 자네에게 내가 쓸데없는 **푸념**을 하는 걸까…그랬으면 좋겠네…자넨 꼭 주인을 다시 만나길 바라겠네…"

누렁이는 흰둥이에게 이렇게 말하며 절룩이는 걸음으로 멀어져갔어요.

'푸념'이란
'마음속에 품은 불평을 늘어놓음, 또는 그런 말'을 뜻하는 우리말입니다.

푸새

"얘 어멈아! 오늘 날씨가 아주 좋구나! 빨래를 좀 해야겠다!"

진경이 할머니가 며느리에게 이렇게 말씀하셨습니다.

"네, 어머니! 이불 빨래를 해도 되겠어요."

"그래, 휴일이니까 아범더러 이불 호청 좀 꾹꾹 밟아 달래라."

옆에서 듣고 있던 진경이가 할머니께 여쭈었습니다.

"할머니, 빨래는 세탁기가 하는 거 아니에요? 왜 빨래를 밟아요??"

"그야, 보통 빨래는 세탁기로 적당히 빨아도 되지만 이불 빨래는 큰 통에 넣고 힘센 남자어른이 꾹꾹 밟아 빨아야 묵은 때가 쏙 빠진단다!"

빨래가 끝난 뒤에 할머니는 진경이 어머니를 다시 불렀습니다.

"어멈아. 풀은 다 쒀놨지? 이리 가져온!"

할머니는 헹구어놓은 이불 빨래에 풀을 쑤어 담은 자루를 비벼대었습니다. 진경이가 또 궁금한 점을 여쭈었습니다.

"어? 왜 빨래에다가 풀을 바르는 거예요, 할머니??"

할머니는 궁금한 점을 놓치지 않고 물어오는 진경이가 대견하신 듯 웃으며 대답하셨습니다.

"이건 푸새를 하는 거야. 이불 호청이나 삼베, 모시 같은 옷감은 묽게 풀을 쑤어서 이렇게 살짝 풀을 먹이면 말려서 사용할 때 빳빳한 게 촉감이 좋고 개운하단다. 옛날엔 다 이렇게 해서 살았지."

"아, 그렇구나? 요즘엔 다리미가 있으니까 잘 다려지는데 옛날엔 다리미가 없으니까… 대신에 이렇게 풀을 먹여서 빳빳하게 만들었구나?!"

진경이의 말에 할머니는 고개를 끄덕이셨습니다.

'푸새'란
1.옷에 풀을 먹이는 일 또는 옷에 풀을 먹이는 일을 하다, 2.산과 들에 저절로 나서 자라는 풀을 통틀어 이르는 말의 뜻으로 쓰이는 우리말입니다. 여기서는 1의 뜻으로 쓰였습니다.

푸지다

오늘은 소연이가 사는 동네의 복지회관에서 '독거노인을 위한 김장담그기' 행사가 있는 날입니다. 아파트 부녀회장인 소연이 어머니도 행사에 봉사자 자격으로 참가하게 되었습니다.

"엄마, 나도 갈래요! 김장담그기 행사에 참가하면 자원봉사 점수도 받을 수 있다고, 학교 선생님도 참가하랬어요."

소연이는 많은 사람들이 함께 모여 김장담그기 행사를 하는 것이 흥미로워서 꼭 따라가겠다고 나섰습니다.

"대신, 너도 김장 만드는 일을 도와야 되는 거야. 할 수 있겠어?"

"그럼요. 엄마 하시는 대로 따라서 그대로 하면 되는 거죠?"

마을 복지회관 앞마당에는 커다란 천막이 이미 여러 개 펼쳐져 있었습니다. 그 아래 테이블 위에는 수백 포기의 절임배추와 양념들이 수북이 쌓여있었습니다. 김장담그기에 참여하는 자원봉사자들이 모여들어 행사준비가 완료되었습니다.

"자, 여러분, 각자의 자리에서 꼼꼼하게 정성껏 김장김치를 만들어 주십시오. 배추도 양념도 모자라지 않도록 넉넉하게 준비하였으니 정성을 기울여서 맛나게 만들어주시기 바랍니다! 오늘 만드는 김장김치는 혼자 사시는 어르신들께 나누어드릴 것입니다!"

사회자의 말이 끝나자 봉사자들은 바쁘게 손을 놀리며 잘 절여진 배추에 빨간 양념을 채워 넣기 시작했습니다.

"이렇게 많은 양념이 김치 속으로 다 들어가요? 많이 남을 것 같아요."

소연이가 빨간 장갑 낀 손을 꼼지락거리며 묻자 어머니가 대답했어요.

"작년에는 양념이 모자라서 아주 곤란했어. 나중에 남더라도 재료는 좀 **푸지게** 준비돼야 마음이 놓이지!"

'푸지다'는
'매우 많아서 넉넉하다'는 의미로 쓰이는 우리말입니다. 비슷한 표현인 '푸짐하다'는 '마음이 흐뭇하도록 넉넉하다'라는 뜻의 우리말입니다.

풋내기

"아니, 세상에 이게 뭐야?? 김 씨 아저씨 어디계세요?"

마당에 있는 나무들을 다듬어달라고 조경관리사에게 부탁하고 외출했던 홍준이 어머니가 깜짝 놀라 이렇게 외쳤습니다. 뒷마당에서 나무 가지치기를 하고 있던 조경관리사 김 씨가 황급히 뛰어왔습니다.

"이 앞마당 나무들 가지치기 작업 김 씨가 하신것 맞아요?"

김 씨는 그제서야 앞마당의 나무들을 둘러보고는 당황하여 머뭇거리며 대답했습니다.

"아…저, 제가 한 게 아니고요, 최 군이라고…오늘 제 보조역할로 데려온 청년에게 시켰습니다…"

"보시면 아시겠죠? 어떻게 그 좋은 나무들을 저렇게 우스꽝스럽게 잘라놓을 수가 있어요? 저 나무들이 얼마나 멋졌는데…"

그때 어디선가 최 군이 나타나 이렇게 설명했습니다.

"제가 볼 때는 나무가 키가 너무 커서 앞창을 다 가리더라구요…키를 좀 줄여야 거실이나 안방에서 마당을 내다볼 때 앞이 훤히 트일 것 같아서…"

"뭐라구요? 안방에서 마당이 훤히 다 보일 정도면 반대로 대문 밖에서도 방 안이 죄다 들여다보인다는 뜻이 되잖아요? 난 그냥 너무 길게 자란 가지들만 살짝 잘라달란 것이예요. 당연히 김씨가 그렇게 해줄 줄 알고 믿고 맡겼던 건데, 어디서 이런 풋내기를 일꾼으로 데려왔어요?"

홍준이 어머니의 항의에 김 씨는 고개를 조아리며 사과했습니다.

"정말 죄송합니다…최 군이 워낙 꼼꼼한 청년이라 잘하리라 믿고 맡겼는데, 일을 시작한지 얼마 안 되서 아직 서투른 점이 있다는 걸 깜박했네요… 다음번 가지치기 하실 때는 제가 무료로 해드리겠습니다. 이번 한번만 너그럽게 용서해주십시오…"

'풋내기'란

'경험이 없어서 일에 서투른 사람'을 가리키는 우리말입니다. 앞의 '풋'이 '미숙한(부족한)', '(경험이)깊지 않은'이라는 뜻을 더합니다.

풋잠

"나 어제 시험 공부하느라 날 밤 샜어, 지금부터 잘 거니까 조용히 해."

"응? 응…알았어…형…"

고등학생 형이 으름장을 놓으며 방으로 들어가자 재선이는 입술을 비죽거리며 텔레비전을 켰습니다. 화면에서는 지난 오락프로그램의 재방송이 나오고 있었습니다.

"앗싸, 저거 내가 저번에 못 본거네! 우와 잘됐다…크크"

재선이는 오랜만에 보고 싶던 오락프로그램을 보게 되어 신이 났습니다. 한창 텔레비전에 빠져있을 때였습니다. 형이 방문을 열고 이렇게 소리 질렀습니다.

"야! 너 소리 안 줄여? 여기까지 다 들리잖아? 너 때문에 금방 잠깼잖아! 한번만 더 시끄럽게 하면 가만히 안 둔다!?"

"아, 깜짝이야…텔레비전 소리 크게 하지도 않았는데 뭘 그래? 괜히 시비를 걸어…참나…"

그러자 부엌에서 일하던 어머니가 이렇게 말씀하셨습니다.

"아유, 형이 풋잠만 자는 모양이구나…깊이 못 자니까 자꾸 깨지…무슨 시험공부를 얼마나 열심히 하느라 밤을 새우고, 이젠 잠을 못자고 저런다니?"

"그러게 말이에요. 시험공부는 평소에 해두는 거지, 시험 때만 벼락치기로 하면 안 되는 거예요…"

재선이가 이렇게 너스레를 떨자 어머니가 되물었습니다.

"그래? 너는 낼모레 있을 시험 준비 다 해둔 거니, 그럼? 형처럼 벼락치기 하지 않고도 잘 할 수 있는 거겠지?"

그러자 재선이는 주뼛거리며 자리에서 일어나 이렇게 말했습니다.

"아, 그, 그럼요…엄마…평소에…나도 공부나 하러가야겠다…"

'풋잠'이란

'잠든 지 얼마 안 되어 깊이 들지 못한 잠'을 의미하는 우리말입니다. 여기서 '풋'은 '깊지 않은'이라는 뜻을 더해주었습니다.

피붙이

'제 19차 남북 이산가족 상봉 행사가 2014년 2월 20일부터 25일까지 북한 금강산에서 진행됩니다. 1차 상봉에서는 남측 이산가족 상봉 대상자 82명과 동반가족 58명이 북측 가족 178명과 60여 년만에 다시 만남을 갖고, 2차 상봉에서는 북측 이산가족 상봉 대상자 88명이 꿈에 그리던 남측 가족 357명과 만나게 됩니다…'

텔레비전 뉴스에서 이와 같은 이산가족 상봉행사에 관련된 뉴스를 들은 기준이 아버지가 이렇게 말씀하셨습니다.

"빨리 통일이 되어야 할 텐데…저렇게 잠깐 만나면 뭐하나? 어서 남북이 합쳐져야 저런 안타까운 행사도 필요 없을 텐데…"

기준이는 고개를 갸웃거리며 아버지께 여쭈었습니다.

"그래도 한 번씩 만날 수 있으면 좋은 것 아닌가요?"

"**피붙이**들이 잠깐 만나서 살아있나 죽어있나 확인하는 게 뭐가 도움이 되겠니, 같이 살아야지! 잠깐 만나고 다시 헤어져 집으로 돌아오면 더 그립고 슬프지 않겠냐? 영영 못 만나는 것 보다야 낫지만 통일이 돼서, 저렇게 잠깐 만나는 행사 같은 건 아예 필요 없어야 맞지 않겠냐?"

"맞아요…저도 엄마 아빠, 할아버지 할머니와 헤어져서 다시 만나지 못한다면 슬플 것 같아요…어쩌다 한번 만날 수 있다고 해도 행복하지 않을 것도 같아요…"

기준이의 말에 아버지가 한숨을 내쉬며 말씀하셨습니다.

"행복이란 어려울 때나 기쁠 때나 서로 마음을 나눌 수 있는 가까운 혈족과 마음대로 왕래하며 살 수 있을 때 비로소 찾아지는 것이 아닐까. 지금 우리 이산가족들은 남과 북의 체제가 다르다는 이유로 생이별을 하고 있는 거야."

'피붙이'란 표현은
'가까운 혈족'을 뜻하는 우리말입니다. 같은 의미로 '살붙이'라고도 합니다.

피장파장

어둠 속을 달리던 멧돼지가 그물함정에 빠졌습니다.

"으악! 멧돼지 살려!"

얼마나 지났는지 멧돼지가 지쳐 늘어져 있을 때, 누군가 근처에서 똑같은 비명을 질렀습니다.

"아이고, 여우 살려! 나 죽네~!"

멧돼지는 시치미를 떼고 어둠 속의 여우에게 말을 걸었습니다.

"어이! 여우 아닌가? 여기서 뭐하는 거야?"

"멧돼지니?! 나 좀 구해 줘! 은혜는 잊지 않을게!"

여우는 어둠 속을 향해 간청했습니다. 멧돼지는 자신의 처지도 잊은 채 여우를 골려주고 싶어졌습니다.

"은혜를 갚겠다고? 내 영역에서나 얼씬거리지 않으면 다행이겠다."

"좋아, 그렇게 할게! 그리고 매일 맛있는 먹이를 너희 집 앞에 1년 동안 갖다 놓을게! 제발, 이 그물에서 나 좀 구해줘!"

"그래? 한 가지 더! 앞으로 나를 보면 형님이라고 불러줘!"

"좋아, 좋아! 얼른 구해주기나 해!"

그렇게 서로 이야기를 하는 동안 어느새 날이 밝아오기 시작했습니다.

마침내 희미하게 드러나는 멧돼지의 모습을 본 여우는 기가 막혔습니다.

"허, 참! 피장파장인 주제에 밤새도록 날 놀렸어?!!"

여우는 화가 나서 씨근거렸습니다.

"헤헤, 내가 이 그물에 걸려있느라 네 목숨이 밤새 안녕한 줄이나 알아라! 아니었으면 넌 간밤에 내 밥이 됐을지도 몰라!"

멧돼지의 말에 여우는 더욱 약이 올라 발버둥을 치기 시작했습니다.

"어휴, 이제 둘 다 죽게 생겼는데, 그런 소리가 나오니? 참 속도 편하다!"

'피장파장'은
'서로 낫고 못함이 없음, 상대편과 같은 행동을 하여 서로 같은 처지나 경우가 됨을 뜻할 때 사용하는 재미있는 우리말입니다

한갓지다

휴가철이 되었습니다.

정호네 가족은 아버지의 휴가기간에 맞추어 피서를 가기로 했습니다.

"정호, 정민이는 어디로 가고 싶니?"

아버지가 정호 형제의 의견을 물으셨습니다.

"음…해운대 해수욕장이요! 시원한 바닷물에서 수영도 하고 일광욕도 하면 좋잖아요?"

그러나 몸매에 자신 없는 어머니가 반대를 하셨습니다.

"얘는? 아니야, 계곡이 좋아. 거기는 시원한 산바람도 있고 얼음처럼 차가운 계곡 물도 있잖니? 그런 걸 일석이조라고 한다니까!"

"아버지는 어디가 좋아요? 바다가 좋죠? 네?!"

둘째인 정민이가 아버지의 마음을 움직이려고 아양을 떨었습니다.

"글쎄… 아버지는 낚시를 할 수 있는 곳이면 좋겠는데… 고기를 잡아 매운탕도 끓여먹고 물놀이도 할 수 있는 곳이 있을 거야."

"우~ 낚시 싫어요! 아버지는 모처럼 휴가에도 낚시생각만 하세요?!"

가족들은 이렇게 서로 가고 싶어 하는 곳이 조금씩 달랐습니다. 아버지는 어떻게 의견을 모아야 할지 잠시 생각하셨습니다.

"음…바다든 산이든 가족끼리 편히 쉬었다 올 수 있는 한갓진 곳이면 좋겠는데?!"

"한갓진 곳이 뭐에요, 아빠? 한가한 곳이라는 말 같기도 하고…"

"사람이 많지 않아 한가하고 조용한 곳이라는 뜻이지. 서해안에 아직 사람들에게 많이 알려지지 않은 해변이 있다던데…그쪽을 알아볼까. 근처에 삼림욕장도 있고 바다낚시도 하고 해수욕도 마음껏 할 수 있으면 우리가족에게 제격이겠지?!"

'한갓지다'는
'한가하고 조용하다'는 뜻으로 쓰이는 아름다운 우리말입니다.

한통속

"다음 주에 소풍갈 장소를 정하겠어요."

선생님이 말씀하시자 아이들은 와~하고 환호성을 질렀습니다. 그러자 반에서 제일 인기가 좋은 동수가 손을 들고 말했습니다.

"저는 서울대공원으로 가는 것이 좋겠다고 생각합니다. 그곳엔 놀이기구도 많고 동물들도 볼 수 있고, 아주 넓어서 함께 모여 놀 장소도 많습니다."

"좋아요! 서울대공원으로 가요!!"

여기저기서 아이들이 찬성을 하자 의견이 하나로 모여지는듯 했습니다. 그때 민철이도 자신의 의견을 말했습니다.

"놀이기구를 타려면 돈이 많이 필요합니다. 어린 우리들은 많은 돈을 가지고 다니면 위험합니다. 그래서 역사공부도 할 수 있는 경복궁이 더 낫다고 생각합니다."

"그러면 서울대공원과 경복궁 중에서 더 많은 사람이 원하는 곳으로 결정하겠어요. 둘 중에서 가고 싶은 곳에 손을 들어요. 먼저 서울대공원!"

동수와 많은 친구들이 손을 들었어요.

"다음으로, 경복궁에 가고 싶은 사람 손 들어보세요!"

경복궁에 가자는 의견에 대해서는 철민이를 포함해서 10명 정도밖에 찬성이 없었어요.

"치, 동수랑 쟤네들은 다 **한통속**이야. 동수가 한 마디 하면 그대로 다 따라 한다니까!"

결국 서울대공원으로 소풍을 가게 된 것이 못마땅한 영진이가 철민이에게 이렇게 속삭였어요.

'한통속'이란
'마음이 서로 통하여 모이는 한 동아리'라는 뜻의 우리말입니다. 한 사람의 의견에 여러 사람의 마음이 서로 통하여 하나가 되면 한통속이 되는 것입니다.

함함하다

얼마 전부터 보경이네 집 근처에 배가 불룩한 고양이가 돌아다니는 것이 보였습니다. 보경이는 우연히 길목에서 아이들에게 쫓기는 고양이가 안쓰러워 어머니께 말씀드렸습니다.

"그 고양이가 새끼를 뱄는지, 배가 불룩해요…가여워죽겠어요…"

보경이의 말에 어머니도 걱정스레 창밖을 내다보셨습니다.

그로부터 며칠 후, 보경이가 학교에서 돌아오자 어머니가 기쁜 얼굴로 이렇게 말씀하셨습니다.

"얘, 보경아! 네가 말한 그 고양이가 새끼를 낳은 것 같더라! 오늘 오전에 마당청소를 하다보니까 우리집 뒷마당 장독대 근처에서 고양이 울음소리가 나지 않겠니? 아이들이 태어난 지 벌써 며칠된 거 같아."

"정말?? 나도 가서 볼래요!"

보경이가 어머니를 따라 조심스레 뒷마당으로 가보니 나뭇잎들이 쌓여있는 후미진 곳에 갓 태어난 새끼 고양이들이 모여 있었습니다. 어미고양이는 도망가지도 않고 내처 아기들 곁을 지켜주고 있었습니다.

"우와~ 너무 조그맣다!! 귀여워…우리가 데려다 키우면 안돼요, 엄마?"

"그럴까? 갓 태어난 아기들이 어찌나 함함한지 어미가 정성껏 보살핀 모양이야. 너무나 사랑스러워서 아침에 한참동안 들여다봤단다! 어미고양이가 떠돌아다니면서도 뱃속 아기들을 지키기 위해 애를 많이 썼나봐!"

길고양이 가족을 본 아버지도 신기한 듯 말씀하셨어요.

"새끼들 털도 보드랍고 반지르르한 게 어미고양이가 새끼만 잘 보살핀 게 아니라 사람 보는 눈도 있구나! 우리 보경이 마음씨가 이렇게 착한 줄 알고 찾아와 새끼를 낳았으니 말이야."

'함함하다'라는 표현은
1.털이 보드랍고 반지르르하다, 2.소담하고 탐스럽다, 라는 뜻을 가진 우리말입니다. 여기서는 두 가지 의미로 모두 쓰일 수 있습니다.

허드렛일

"우리가 돌아올 때까지 집안 대청소하고, 이불 빨래와 벗어놓은 빨래들까지 빨아서 곱게 손질까지 해두어야 한다!"

팥순이 어머니는 불쌍한 콩순이에게 이렇게 일을 시켜놓고 팥순이와 함께 마을의 잔칫집에 가버렸습니다. 친어머니가 살아 계실 때는 함께 꽃놀이도 가고 맛난 음식과 좋은 옷이 모두 콩순이 것이었지만 이제는 그렇지 않았습니다.

"이제부터 넌 집안의 허드렛일이나 하면서 살 줄 알아라!"

"흥, 콩순이 널 쫓아내지 않는 것도 고마워 하라구!!"

팥순이 엄마와 팥순이는 콩순이네 집에 들어오는 날부터 콩순이를 하녀처럼 부려먹었습니다. 그러나 콩순이 아버지는 아무 것도 몰랐습니다. 새엄마인 팥순 엄마가 콩순이에게도 친딸처럼 잘해주는 줄로만 알고 있었습니다. 그래도 콩순이는 아무 불평 없이 집안일을 도맡아했습니다.

"아니! 콩순아? 네가 왜 이 시간에 이불 빨래를 하고 있는 거냐!?"

관청에서 일하시는 아버지가 잠시 집에 들렀다가 어린 몸으로 혼자서 힘들게 일하는 콩순이를 발견하고 놀라 물으셨습니다.

"아-아니에요… 아버지. 그냥 집에 있으려니까 심심해서 **허드렛일**을 해보는 거예요…"

콩순이는 이렇게 둘러댔지만 아버지는 그동안의 사정까지도 다 알 것 같았습니다.

"이런, 야속한 사람같으니라구…우리 가여운 콩순이를 잘 돌봐주겠다고 그렇게 약속해놓고 어찌 이럴 수가 있나…흑흑…"

'허드레'는
'그다지 중요하지 아니하고 허름하여 함부로 쓸 수 있는 허름한 물건 또는 일'을 뜻합니다.

'허드렛일'이란
'중요하지 않은 일'을 뜻하는 재미있는 우리말입니다.

허룩하다

"최 씨는 아주 부지런하고 정말 정직한 사람이야!"

쌀가게 주인 최 씨는 부지런하고 친절한 사람이었습니다. 그리고 눈치가 무척 빠른 사람이기도 했습니다.

어느 날, 최 씨는 절친한 친구의 아버님이 돌아가셨다는 소식을 들었습니다.

"내가 없는 동안 자네가 가게를 잘 봐주게, 부탁하네?!"

최 씨는 한 가족처럼 오래 같이 지낸 점원 만호 씨에게 쌀가게를 부탁하고 길을 떠났습니다. 그러자 만호 씨는 친구들을 가게로 불러들였습니다. 그 가운데 나쁜 친구들이 만호 씨를 이렇게 꼬드겼습니다.

"야, 너희 주인 없는 동안 창고에 있는 쌀 조금씩 슬쩍 내다 팔아도 되지 않냐?"

"쌀가마니에서 조금씩만 쌀을 빼돌려도 충분할 걸!?"

"정말?…그래도 들키지 않을까?"

며칠이 지나고 주인 최 씨가 돌아왔습니다. 그리고 가게와 창고를 돌아보고 장부를 정리하다가 고개를 갸웃거리며 말했습니다.

"참 이상하네? 모든 게 그대로 있는데, 왜 이렇게 허룩한 느낌이 들지?"

그러자 주인 없는 동안 가게를 맡았던 만호 씨가 당황하여 말했습니다.

"무슨 말씀이세요? 쌀가마니 수는 제가 날마다 세어봤는걸요!?"

"그래, 숫자는 맞는데…가마니 속이 좀 줄어든 것 같단 말이야! 어때, 자네가 나 없는 동안 무슨 짓을 했는지 말해 보게…내 말이 틀림없지?"

그제서야 점원은 눈치 빠른 주인 앞에 고개 숙여 잘못을 뉘우쳤습니다.

"아이고 정말 죄송합니다…쌀가마니에서 한 됫박씩 빼내어 팔아 친구들과 술을 마셨습니다…다시는 이런 일이 없도록 하겠습니다…

'허룩하다'는
'줄거나 없어져 적다, 많이 없어지다, 줄어들다'의 뜻으로 쓰이는 재미있는 우리말입니다.

허울 좋다

옛날 어느 마을에 두 친구가 살았습니다. 한 친구는 부자였지만 다른 친구는 매우 가난했습니다. 어느 날, 그 마을의 부잣집에서 칠순잔치가 열렸습니다. 마을의 나이든 사람들은 모두 잔치에 가게 되었습니다.

"이런 허름한 차림으로 남의 잔치에 갈 수는 없는 노릇인데?!"

가난한 부부의 걱정을 안 부자 친구가 옷가지와 신발 따위를 빌려주었습니다.

"여보, 빌려주는 김에 옥가락지도 하나만 빌려달라고 하세요!"

그렇게 해서 가난한 부인은 옥가락지도 하나 빌려 끼었습니다. 그리고 잔치에서 오랜만에 배불리 먹고 즐거운 시간을 보냈습니다. 날이 저물어 집으로 돌아온 가난한 부인은 옷을 갈아입다가 깜짝 놀랐습니다.

"이를 어째?? 가락지가 좀 헐렁하더니만…"

"허허~가난한 살림에 남의 귀한 옥가락지를 잃어버렸으니!"

그러나 옥가락지를 잃어버린 부인은 주인에게 사실대로 말도 못하고 끙끙

앓다가 병이 들고 말았습니다.

"아이고…옥가락지…옥가락지…!"

헛소리처럼 옥가락지를 찾다가 가난한 부인은 마침내 숨이 넘어가고 말았습니다. 장례식에 참석한 부자 부부는 그제서야 가난한 친구의 부인이 세상을 떠난 이유를 알고 깜짝 놀랐습니다.

"어떡하나?! 그건 싸구려 가짜 옥가락지예요! 잃어버려도 아까울 것도 없는 거라구요!!"

그 말을 들은 가난한 친구는 기가 막혀 가슴을 쳤으나 늦은 뒤였습니다.

"하 참~! **허울 좋은** 가락지 덕분에 생사람을 잡았구려!"

'허울'이란
'실속은 없는 겉모양'이라는 뜻입니다.

'허울 좋다'는
'실속은 없으면서 겉으로는 번지르르하다, 내용과 달리 보기만 좋다'는 뜻으로 쓰이는 재미있는 우리말입니다.

흉허물 없다

얼마 전에 같은 아파트에 이사 온 영주 엄마와 금희 엄마는 무척 친한 사이였습니다. 며칠 후, 저녁식사를 금희네 집에서 영주네와 함께 하게 되었습니다. 그 다음에는 영주네 집에서 두 가족이 저녁식사를 했습니다. 금희는 다음날 어머니께 이렇게 여쭈었습니다.

"왜 자꾸만 영주네랑 같이 밥을 먹는 거예요? 우리끼리 먹으면 안돼요?"

"영주 엄마는 나하고는 아주 어릴 적부터 거의 한 식구처럼 **흉허물 없이** 지내온 소꿉친구란다. 이제 어른이 돼서도 같은 아파트에서 살게 됐으니 얼마나 좋은지 금희는 잘 모르겠지? 그렇지만 엄마는 참 좋구나!"

금희는 '**흉허물 없다**'라는 말의 뜻을 정확히는 몰라도 어머니의 말씀은 알아들을 수 있었습니다.

"우리 금희는 엄마처럼 사귀는 친구 없어? 좋은 친구 한 명쯤 가진 사람이 행복한 거란다."

"알았어요, 엄마. 저도 앞으로 진정한 친구를 만들도록 노력할게요. 그런데 어떻게 해야 그런 친구를 사귈 수 있죠?"

"진심으로 위해 주고 어려운 일이 있을 때 도와주고 그렇게 조금씩 서로 이해하면 마음이 통하게 되는 거지."

어머니의 말씀에 금희가 고개를 끄덕이자 이렇게 되물으셨어요.

"우선 가까이에 있는 영주랑 친해보지 않을래? 같은 반이잖아?"

그러자 금희는 깜짝 놀라며 대답했어요.

"어휴, 걔는 몸이 약해서 청소시간이나 체육시간에 항상 빠진단 말예요. 난 영주가 너무 얄미운 걸요?"

'흉허물 없다'라는 표현은
'서로 흉이나 허물을 가리지 아니할 만큼 사이가 가깝다, 서로 어려워함 없이 가깝게 지내다'라는 뜻으로 쓰이는 우리말입니다.

희붐하다

"오빠, 정말 내일 가는 거야?"

"그래. 나 없는 동안 우리 성희가 엄마 아빠 잘 지켜드릴 거지?"

"응! 걱정 마. 오빠대신 내가 잘 할 테니까. 오빠는 몸조심해야 돼!"

성희 오빠는 내일 신병훈련소로 갑니다. 우리나라에서는 건강한 청년들이 나라를 지키는 의무를 지기 때문입니다.

"내일 아침, 아버지가 훈련소 앞까지 데려다 줄 테니 일찍 자거라."

아버지가 아들의 어깨를 대견한 듯 두드리며 말씀하셨습니다.

"아유, 우리 아들…앞으로 얼마동안이나 못 보는 거니? 몸 상하지 않게 잘 지내야 한다. 엄마 소원은 그것뿐이야, 알지?"

아들과의 이별이 아쉬운 듯 어머니는 벌써부터 목이 메였습니다.

다음날 새벽, 성희는 시끄러운 소리에 눈을 떴습니다.

"아, 녀석이 혼자 가버렸구나! 데려다 주겠다고 했는데도…녀석, 참…"

아버지는 아들의 빈 방을 들여다보며 안타까운 듯 혀를 찼습니다.

"아까 잠깐 깼을 때 창밖이 희붐한듯 했는데…아직 시간이 덜된 것 같아서 좀 있다 일어나자 했더니…성호는 그때쯤 벌써 일어나서 갔을까요?"

어머니도 아쉬움에 발을 굴렀습니다.

"오빠가, 엄마아빠랑 같이 가면 훈련소 들어가면서 많이 울 거 같아서 그냥 일찍 혼자 간다고요…, 훈련 끝난 뒤에 모두 만나러 와달라고 여기 편지 써놓고 갔어요. 휴대전화도 아예 놓고 갔어요!"

성희가 오빠의 편지를 읽어주자 아버지가 흐뭇한 듯 말씀하셨어요.

"역시, 우리 아들이구나! 가족들 앞에서 눈물바람하기 싫어서 날이 새기도 전에 씩씩하게 먼저 갔다니, 틀림없이 훌륭한 군인이 되겠어!"

'희붐하다'라는 표현은
'날이 새려고 빛이 희미하게 돌아 약간 밝은 듯하다'는 뜻의 아름다운 우리말입니다.

흥건하다

"이 아침에 어디 갔다 오는 거니?"

현수가 현관문을 열고 들어서자 어머니가 이렇게 호통을 치셨습니다.

"아…저기…공원에서 새벽운동 하다가 오는 거예요…으쌰 으쌰…"

현수는 두 팔을 위아래로 쭉쭉 뻗어 보이며 이렇게 대답했습니다.

"갑자기 새벽운동을 한다고? 방학이라고 농땡이 부릴 생각하지 말고, 맑은 정신으로 새벽에 공부를 하면 더 잘될 거 아냐?"

어머니는 의심스러운 듯 물으셨습니다.

"네, 알겠어요…새벽에 운동하고 오면 공부도 더 잘돼요…"

현수는 얼른 이렇게 대답하고 자기 방으로 들어갔습니다.

다시 며칠 후 아침의 일입니다.

"너, 이리와 봐. 지금 어디 갔다 오니?"

"아…저…아침 운동이요…저쪽 개나리 터널까지 갔다가…오는…"

현수는 놀라 당황하여 이렇게 더듬거리며 대답했습니다.

"그래? 너 요새 빨래통에 던져놓는 옷들 전부 다 **흥건하게** 젖어있는 거 다 알아. 그게 운동해서 땀에 젖은 거라고? 엄마가 동네사람들한테 들은 소리가 있는데? 바른대로 말해!"

그제서야 현수는 머뭇거리며 입을 열었습니다.

"저…얼마 전에 아버지가 아끼시는 옛날 물건을 하나 망가뜨렸어요…그래서 그거…새로 몰래 사다놓으려고…알아보니까 귀한 거라서 구하려면 값이 엄청 비싸더라구요…그 비용 마련하려고 신문배달이랑 전단지 돌리는 아르바이트하고 있었어요…죄송해요…엄마…"

'흥건하다'라는 표현은
'물 따위가 푹 잠기거나 고일 정도로 많다'는 뜻을 가진 재미있는 우리말입니다.

흥청망청하다

"뭐라고? 복권에 당첨됐다고?!!"

"그래서 그렇게 갑자기 이사를 갔구나!"

마을에서는 한동안 재형이네가 수십억짜리 복권에 당첨되어 좋은 집으로 이사를 갔다는 소문이 떠돌았습니다.

"얼마 전 시내에서 걸어가고 있는데 어떤 승용차에서 누가 나를 부르는 거야. 그래서 보니까, 재형이 아빠였어요! 완전히 딴사람처럼 변했더라구요!"

시내에서 재형이 아버지를 만났다는 사람이 이렇게 이야기했습니다.

"난, 재형이 엄마를 봤어. 백화점 구경이나 하러 갔는데 재형이 엄마가 재형이랑 양손 가득 쇼핑을 하고 있었어! 어디 팰리스에 산다죠?"

"날마다 돈쓰는 재미에 푹 빠져서 산다고 하던데요!"

"끼니 걱정하며 가난하게 살다가 갑자기 큰돈이 생기면 흥에 겨워서 마음대로 즐겨보고 싶은 생각이 들겠죠. 부럽네…"

사람들은 복권에 당첨되어 갑자기 부자가 된 재형이네를 부러워하였습니다.

복권부자를 부러워하면서도 보통 사람들은 자신의 위치에서 열심히 하루하루를 살고 있었습니다. 그러던 몇년 후, 어느 날의 일입니다.

"재형이 엄마같은 사람이 어느 지하철 입구에서 김밥 장사하는 걸 본 것 같아요…"

그러자 한사람이 이렇게 대답했어요.

"재형이 엄마 맞을 거예요…아무리 복권에 당첨되면 뭐해요. 힘들여 번 돈 아니라고 그렇게 **흥청망청하더니** 몇 년만에 모두 날리고 빈털터리가 됐대요…다시 예전처럼 남의 집 셋방살이한다는 소문, 나도 들었어요…"

"쉽게 번 돈은 쉽게 쓴다고 하지만, 정말 허무하겠네요…복권에 당첨되지 않은 우리가 오히려 다행이야!"

'흥청망청하다'는
1.흥에 겨워 마음대로 즐기다, 2.돈이나 물건 따위를 마구 쓰다, 의 두 가지 뜻을 지닌 우리말입니다. 여기서는 2의 뜻으로 쓰였습니다.